KB269979

앞으로의 라이프스타일

5인의 트렌드세터가

들려주는

# 앞으로의 라이프스타일

한스미디어

Prologue.

제2의 인생을

준비하는

옷, 음식, 집, 정원, 미용

여자의 일생도 후반기에 접어들면

일이나 육아로 정신없던 날들이 일단락되고,

이제부터는 자신을 위해 시간과 돈을 쓰겠노라 하는 시기가 찾아옵니다.

그때 곧바로 새로운 인생 속으로 발을 내딛는 사람도 있지만,

너무나 간절히 원했던 시간을 맞이하면서

무엇부터 시작해야 좋을지 고민하며

우왕좌왕하는 사람들도 많지 않나요?

나이 든 여성이라면 누구는 관심을 가질 만한 것이

'주거 공간'과 '멋'. '식사', '미용'일 거예요.

그리고 정원 크기가 얼마만 하든 '식물'에도 자연스럽게 마음이 갈 테고요.

그렇다면 바로 그 자리에서부터, 제2의 인생을 위한 힌트를 찾아보자는 것이

이 책의 목적입니다.

‘옷’ ‘음식’ ‘집’ ‘정원’ ‘미용’

각 분야에서 활약 중인 40대부터 70대에 이르는 여성 5인방을 따라 다니며
각각의 전문 분야에 따른 라이프스타일을 취재했습니다.
당장이라도 따라 하고 싶은 아이디어가 여기저기 묻어나는 생활은
지금 그녀들이 이토록 반짝이며 동시대 여성들의 공감과 동경을
한 몸에 받는 이유를 설명하기에 충분했습니다.
구체적으로 들어가 보면 다섯 사람마다 사고방식이며
신경 쓰는 부분은 제각각입니다.
그러한 각종 아이디어들 속에서 여러분의 마음에 와 닿는 몇 가지만 건져도
매일의 일상과 의식에 작은 변화가 생겨날 것입니다.
어쩌면 그것이 충실한 인생 후반의 첫걸음이 될지도 모릅니다.

주거 공간을 더 기분 좋게 정돈하는 요령을 소개해준 가도쿠라 타니아 씨,

영국식 정원 꾸미기에 관한 생각들을 전수해준 요시야 케이코 씨,

언제나 멋을 추구하는 마음과 고민을 실용적 감각으로 담아낸

니시무라 레이코 씨,

성인 여성의 피부에 좋은 유기농 화장품의 매력을 전해준 요시카와 치아키 씨,

간단해도 내 손으로 직접 만든 요리의 위력에 대해 알려준 이영림 씨까지.

모두 이 책을 위해서, 여자의 제2의 인생이라는 주제에 맞는 내용으로

자신의 경험과 감정을 담은 매우 흥미로운 이야기들을 풀어놓아 주었습니다.

세월이 쌓여가며 얻은 지혜와 경험과 미의식이

인생을 더더욱 반짝이고 흥미진진하게 합니다.

그것을 여러 가지 관점에서 담아낸 그녀들의 이야기에는

앞으로의 라이프스타일에 대한 힌트들이 가득합니다.

# · CONTENTS ·

# Living

Tania Kadokura

가도쿠라 타니아

## Profile

1966년 출생. 독일인 어머니와 일본인 아버지 사이에서 태어나, 아버지의 전근을 따라 독일, 미국, 일본을 오가며 자랐다. 외국계 증권회사에서 근무하다가 남편과 런던으로 옮겨 가 요리를 배웠고, 일본으로 돌아와서는 요리연구가로 활약하면서 독일식 라이프스타일에 대한 책을 다수 출간해 주목을 받기도 했다. 주요 저서로 《타니아의 작은 집》, 《살림이 심플해지는 독일식 습관》(소프트뱅크크리에이티브), 《독일식 기분 좋은 살림 만드는 방법》(고단샤), 《타니아의 독일식 정리 기술·완전판》(슈에이샤) 등이 있다.

# Gardening

요
시
야

케
이
코

Keiko Yoshiya

## Profile

1956년 출생. 80년대에 상업 디자이너, 아트 디렉터로 활약하다가 92년에 영국으로 건너갔다. 영국의 정원에 대해 공부하고 돌아와 귀국해 정원 디자이너로서 TV와 잡지, 강연 등에서 활약하며 동시대 여성들의 높은 지지를 받고 있다. 하코네의 '어린왕자 박물관'을 시작으로 정원 디자인을 응용한 시설과 정원 쇼를 다수 주최했다. 시부야구 진구마에 6초메에 자신의 의상 브랜드 'Shade YOSHIYA KEIKO'를 열었다. 주요 저서로《꽃에 둘러싸인 집》(슈에이샤) 등이 있다.

# Fashion

Reiko Nishimura

니시무라 레이코

## Profile

1942년 출생. 24살에 오사카에서 도쿄로 상경해 일러스트레이터로의 활동을 시작했다. 멋과 살림, 영화, 여행 등 다채로운 테마를 자연스러우면서도 세련된 일러스트와 문장으로 표현하며 직접 쓴 책도 200권이 넘는다. 최근에는 패치워크, 사진 콜라주 등으로도 창작의 폭을 넓혀서 개인전이며 집필 활동도 의욕적으로 하고 있다. 신간으로 《언제나 멋쟁이처럼》(미디어팩토리), 《레이코의 멋스러운 어른의 생활》(가이류샤)이 있고, 최근에 쓴 책으로 《멋을 아는 어른으로 나이 들면서》(가이류샤), 《니시무라 레이코의 언제든 맵시 있게 옷 입기》(아사히신문출판사) 등이 있다.

# Beauty

요
시
카
와

치
아
키

Chiaki Yoshikawa

## Profile

1959년 출생. 미용·오가닉 전문가로 '쥴리크(jurlique) 숍 아오야마점' '시로카네다이점 비오 파스칼' 등 자연스러움을 중시하는 다수의 살롱 및 숍을 프로듀스했다. 2011년에 여동생 칸자키 타카코와 "일하는 여성을 위한 양호실"을 콘셉트로 한 '벚꽃 치료원'을 오픈, 여성들의 몸과 피부에 관한 상담을 하고 있다. 주요 저서로《어른들을 위한 여성 호르몬 이야기》(타카라지마샤),《거품 세안만 그만두어도!》(고단샤 +α문고),《어른을 위한 오가닉 & 내추럴 메이크업》(마이나비) 등이 있다.

# Eating

이영림

Lee Eirin

## Profile

요리연구가. 대한민국 제주도 출신으로 일본에 건너간 후 결혼해 3남1녀를 두었다. 막내 아들 코켄테츠(본명 고현철)와 장녀 코 시즈코도 요리연구가로 활약하고 있다. 약식동원(藥食同源, 음식과 약은 그 근원이 같다)의 가치관을 바탕으로 한 한국 요리를 기본으로 한 제철요리, 곧 자연과의 조화를 중시한 요리를 선보인다. 잡지 연재, TV와 행사 출연 등은 물론 강연, 음식 교육 관련 활동도 적극적으로 하고 있다. 주요 저서로《이씨 집안의 밑반찬과 보존식》(후소샤),《첫 한국 전통 차》(쇼가쿠칸),《채소가 가득한 한국의 밥》(문화출판국) 등이 있다.

# 집

Living

# Chapter 01.
# Living

가
도
쿠
라

타
니
아

Tania Kadokura

독일인 어머니와 조부모님에게서 물려받은 '살림'에 대한 강한 탐구심. 그 마음이 현대 일본식 주거에 고스란히 반영된 그녀의 자택은 누구나 꿈꿔온 '기분 좋은 생활'의 좋은 모델이다. 경험에서 우러나온 정리와 수납 방식에도, 살아가면서 계속해야만 하는 집안일을 좀 더 현명하게 해나갈 수 있는 힌트들이 잔뜩 담겨있다.

제가 어렸을 때 우리 가족은 아버지의 일 때문에 몇 번씩이나 이사를 다녔습니다. 제 아버지는 일본인이고 어머니는 독일인으로, 집에 대한 저의 가치관은 어머니와 독일인 조부모님의 영향을 많이 받았습니다. 독일인은 주거를 매우 중요하게 생각하는 만큼, 저희 어머니도 이사할 때면 그곳이 잠시 사는 집이라 해도 가급적 빨리 정리하려고 애쓰셨습니다.

독일어에는 보통 '기분 좋은'이라고 번역되는 'Gemütlich'라는 단어가 있는데, 저는 아늑한 동굴 속에 있는 것처럼 따뜻하게 감싸인 느낌이 담긴 말이라고 생각하고 있습니다. 독일인이 만들고자 하는 것은 바토 그런 '기분 좋은' 집으로, 제 어머니도 새로운 지역에서는 주변 환경이 완전히 달라지는 만큼 하루빨리 집에서라도 기분 좋은 안정감을 느낄 수 있게 하고 싶다는 열망이 강하셨던 것 같아요.

어릴 적에 몇 년간 함께 살았던 독일인 조부모님도 마찬가지입니다. 지금은 홀로 남으신 외할아버지만이 90세가 넘으신 몸으로 혼자서 살고 계시지만, 철저한 정리정돈에 일본인 남성이라면 생각할 수도 없을 만큼 '기분 좋은 집'을 굉장히 고수하고 계십니다. 요즘도 매년 뵈러 갈 때마다 외할아버지의 집과 살림 꾸리시는 것을 보며 자극을 받곤 합니다.

몇 년 전, 남편의 고향인 가고시마에 집을 지었습니다. 도쿄에서 살았던 아파트는 임대건물이었기에 방의 배치나 크기가 제한되어 있는 상태에서 나름대로 살림을 궁리해왔지만, 아예 맨땅에서 시작해 집을 지으려니 앞으로의 인생을 어떻게 살고 싶은지 다시 돌아보는 계기가 되더군요.

엄밀히 따지면 정리정돈도 인테리어도 마찬가지로 '어떻게 살고 싶은가'를 고민하는 것이라고 생각합니다. 그 점을 진지하게 짚어보면, 많은 사람들이 골치 아파하는 '필요한 것과 필요 없는 것을 선별'하는 작업도 할 수 있게 될 거예요. 저는 현재 기분 좋은 상태를 우선순위로 삼아 '필요한 것'과 '필요 없는 것'을 정하는 편이지만, 추억이 담긴 물건들에 둘러싸여 살겠다고 해도 좋겠지요. 그러나 있는지조차 잊어버리고 자리 차지만 하고 있는 짐들 탓에 생활이 불편해진다면, 너무도 안타까운 일이 아닐까요.

젊었을 때는 확실하지 않았던 라이프스타일도, 40대를 지나면 누구든 어느 정도 정해지기 마련입니다. 그에 따라 예전보다 지금이 '필요한 것을 판단'하기 수월해진 만큼, 마음을 먹었으면 가능한 빨리 집을 돌아보는 데 노력을 쏟았으면 해요.

도심의 고층 아파트에 있으면서도 외국의 집들처럼 한껏 여유가 느껴지는 가도쿠라 씨의 자택. 깔끔한 정리에 온기가 느껴지는 인테리어는 어머니의 고집으로 가구까지 그대로 옮겨와 옛집과 닮은 분위기가 난다고.

# 어머니와 외할아버지에게서 살림을 배우다

어머니나 외할아버지가 살림하는 방식의 바탕에는 공공의 공간과 개인 공간을 분리하는 서양식 사고가 있었습니다. 일본에서는 집 그 자체가 개인적인 공간이라는 감각이 있어서, 거의 알몸인 상태로 활보하고 다니거나(웃음) 거실이 어지럽혀져도 어차피 가족끼리니까 괜찮다는 식으로 퍼질러 있거나 하지요. 그러나 독일에서는 별로 외식을 하는 일도 없고, 사람을 만날 때도 서로의 집에 초대하는 경우가 많아서 집의 현관이나 거실은 특히 공공적 공간이 됩니다. 따라서 언제 누가 와도 괜찮을 정도로 정리해두어야만 합니다. 어느 쪽이 좋고 나쁘다고 할 문제는 아니지만, 집을 정리하고 싶다면 먼저는 거실을 '항상 깔끔하게 유지할 장소'로 정한 다음 거기만큼은 매일 정리하는 습관을 들여보는 것도 좋을 듯해요.

외할아버지의 집에는 물건마다 각각 자리가 정해져 있어, 무언가가 꺼내진 상태로 방치되는 일도 거의 없습니다. 가령 매일 먹는 약도 그때그때 서랍에 정리해둡니다. 외할아버지 댁에 가면, 집에 들어가 인사를 드리자마자 바로 머물 방으로 가서 짐을 정리하라는 말부터 돌아와요. 현관 앞에 여행 가방을 놓아두는 일 따위는 당치도 않습니다(웃음).

가도쿠라 씨의 아버지 친가에서부터 썼던 찻장. 어머니는 이사 때마다 이것을 같이 옮기시면서 술이나 유리잔을 담거나 전화기를 올려놓는 받침대 등으로 써오셨단다.

그 찻장을 물려받은 가도쿠라 씨는 작업실의 텔레비전 받침대로 활용하고 있다. 작은 서랍들은 포장용 리본이나 코드 종류를 수납하기에 안성맞춤이다.

달랑 이삼일을 묵더라도 서랍에 갈아입을 옷을 정리해 넣고, 세면대 위 선반에 칫솔을, 여행 가방을 장에 넣어두는 것까지가 이 집의 규율입니다. 그래서 외할아버지는 미리 서랍이며 세면대 선반에 제 물건을 넣어둘 공간을 만들어두십니다.

한편, 어머니가 특히 무엇에 신경을 쓰셨는지 기억을 더듬어보면, 어떤 집이었든 거실과 주방을 분리하려 하셨다는 거예요. 저까지 포함해 아이 셋, 매번 넓은 집으로 이사를 갔던 것만은 아니었지만, 공간이 부족해도 '식사를 하는 장소와 느긋하게 쉬는 장소는 별개'라는 생각으로 테이블을 나누었습니다. 주방 테이블은 식사 시간 외에는 우리들이 숙제를 할 때 주로 썼고, 거실은 언제든 퇴근해서 돌아오는 아버지가 편안히 쉴 수 있도록 해두는 어머니 나름의 배려였다고 생각해요.

어머니와 외할아버지의 공통점은 두 분 다 '어떻게 하면 집이 조금 더 쾌적해질까?'를 항상 생각하며 집의 곳곳을 살폈다는 점입니다. 어머니는 이사를 마치면 바로 박스를 정리하고 커튼도 달면서 일단 느긋하게 쉴 수 있는 방으로 만드는 작업을 철저히 하셨습니다. 그러고 나서 살아가면서 한층 더 기분 좋은 생활로 조금씩 개선해나가셨습니다.

외할아버지 댁 역시 놀러 갈 때마다 어딘가 편리하게 바뀌어있곤 했습니다. 나이도 있으신 분이 혼자 살림을 꾸리시는 만큼 조금이라도 집안일의 부담을 덜도록 스스로 정보를 찾아서 가전제품 같은 것도 주문하시지요. 최근에 가 뵈었을 때는 창문의 차양과 덧문이 자동으로 작동하고, 세탁건조기가 들어와 있었습니다.

연령이나 가족 구성에 따라 집의 역할과 쓰임새는 달라집니다. 그렇지만 일상을 살아나가는 한 그때그때의 '기분 좋은 집'을 진지하게 추구했던 두 분의 자세에서 지금도 배울 수 있는 것들은 잔뜩 있습니다. 참고로 제가 지금 거실의 옷장 옆에 걸어두고, 가구나 구석구석의 먼지를 떨어낼 때 쓰는 양털 먼지떨이도 어머니가 "네가 좋아할 것 같다."며 사주신 것이랍니다.

평소 식사 때 쓰는 그릇들은 주방의 찬장, 손님 접대용 그릇들은 거실의 찻장으로 나눠서 수납해둔다. 선반 제일 위 칸에 있는 흰 접시는 크기들이 비슷비슷해 잘못 놓아두는 경우가 생기기 쉬운 만큼, 라벨을 붙여서 정리하니 작업이 수월해졌다.

## 앞으로 20년을 어떻게 살고 싶은지 그려본다

물건들을 정리하는 일은 시간이 갈수록 번거로운 일이 되기에, 어떻게든 해야겠다는 생각이 들면 가급적 빨리 시작하는 것이 좋습니다. 지금 쉰 살이라면 앞으로의 20년간을 머릿속에 그려보고, 다른 사람을 집에 초대할지 말지, 설은 챙기고 크리스마스는 넘어갈지, 독립한 자녀들이 오면 집에 머무르게 할지 아니면 같이 여행이라도 갈지 등등 현실적인 부분을 따져보면서 필요한 것과 필요 없는 것을 구분해가는 거예요.

그렇게 하면 무엇을 버릴지뿐 아니라, 무엇을 새로 구입할지도 알 수 있어요. 제가 가고시마 집에 구입해둔 것은 붙박이형 식기세척기예요. 일본에서는 주부들의 편의를 위해 '있으면 좋고 없어도 그만인 것'이라는 인식이 있지만, 서양에서는 식사 후 설거지하는 시간을 가족과의 단란한 한때로 되찾아준다는 발상에서 비롯되어 세탁기만큼이나 대중화된 가전입니다.

앞으로의 인생을 풍요롭게 해줄 것이라면 사고, 단지 갖고 있기만 할 뿐 더 이상 쓰지 않는 것은 과감히 버리기. 그것이 살림을 조금 더 쾌적하게 만드는 실마리가 됩니다.

옆의 사진은 우리 집에서 평소에 늘 쓰는 그릇들을 놓아두는 선반을 찍은 것입니다. 옷이든 그릇이든 가지고 있는 것은 전부 다 사용하려 하는데, 남편과 둘이 사는 살림에는 이 정도면 충분합니다.

## ‘루틴’으로 몸과 마음을 편하게

‘루틴’이란 습관을 말합니다. 정해진 순서를 반복해서 한다는 의미입니다. 독일에서는 매일 같은 시간에 같은 일을 하며 규칙적인 생활을 하는 것이 몸에 더 좋다고 하여, 특히 어린이들과 노인은 그 리듬을 중요하게 여깁니다.

루틴이 되면 딱히 생각하지 않아도 몸이 알아서 움직여 편합니다. 제가 평일 아침 시간을 쓰는 과정 역시 거의 루틴입니다. 5시 전에 일어나서, 남편과 아침 식사를 하고, 차로 남편을 회사에 데려다줍니다. 돌아오면 커피 한잔을 마시면서 메일 확인 등을 하고, 집 정리를 한 후 외출할 채비를 갖추는 데까지가 9시 전. 이것이 하나의 흐름으로 이뤄집니다. 이후의 일정은 그날그날 다르지만, 9시가 넘으면 집배원 아저씨가 온다든가 업무 관련 전화가 울리거나 하므로 집과 저 자신에 대한 것은 그 전에 끝내도록 신경을 씁니다.

매일 아침에 하는 정리도 늘 똑같습니다. 먼저 거실이나 식당에서 그릇을 가져와 설거지를 하고, 냄비며 쟁반도 전부 선반에 넣어 주방에 아무것도 나와 있지 않게 합니다. 거실을 정리하며 쿠션을 가지런히 하고, 손님이 언제 오더라도 문제없게 만들어둡니다. 침실에 있는 침대를 정리하고, 화장실 청소도 간단히 합니다.

테이블 위에 굴러다니는 잡지와 컵을 정리하고, 쿠션 형태를 바로잡기만 해도 거실이 깔끔하다는 인상을 줄 수 있다. 매일 아침 이른 시간에 이 작업을 해두면, 언제라도 다른 사람을 초대할 수 있는 상태가 된다.

그러고 나서 샤워를 하는 김에 스퀴즈로 욕실의 물기를 가볍게 닦아냅니다. 머리를 말리고, 세면대 바닥에 떨어진 머리카락들을 작은 빗자루로 쓸어 버리면 끝입니다. 집의 마루 전체에는 카펫을 깔아두어 먼지가 잘 날리지 않는 터라, 청소기를 돌리는 것은 일주일에 한 번 정도면 됩니다. 매일 이 간단한 정리와 물기 제거만 해주어도, 일단 집이 깔끔해졌다는 인상을 줄 수 있고 스스로도 최소한은 했다고 안심할 수 있어 기분이 상쾌해집니다.

눈에 보이는 것을 치우는 정리와 더러워지기 쉬운 곳을 위생적으로 만드는 청소는 별개인 만큼, 일주일에 한 번은 제대로 청소를 해야 합니다. 청소기를 돌리고, 욕실을 닦고, 시트를 갈아주고, 세제로 주방을 청소하고 바닥을 닦습니다. 약간의 체력이 필요한 일을 모아서 한 번에 하는 것입니다.

제 일이 끝나는 시간은 그날그날 다르지만 남편이 귀가하는 7시 반까지는 일단 끝내고, 주말은 일을 하지 않는 날로 정해두었습니다. 평일 밤에는 다시 다음 날이 일찍부터 시작되는 만큼, 저녁을 먹고 나면 거실에서 느긋하게 쉬다가 9시 반에는 잠자리에 듭니다. 저녁 식사의 뒷정리 후에는 아무것도 하지 않는다는 원칙도 세워두었기에, 제가 마신 와인 잔이나 남편이 먹은 과자 접시도 거실에 그대로 놓아둡니다. 그래도 아침에는 싹 다 정리한다는 것만 분명히 해두면, 찜찜한 기분을 느낄 필요도 없이 푹 잘 수 있습니다(웃음). 이런 식으로 매일의 루틴을 세워두면 정신적 에너지 효용 면에서도 상당히 좋답니다.

매일 정리에 쓰는 도구들은 바로 손에 닿을 수 있는 곳에 놓아둔다. 작은 빗자루와 쓰레받기는 세면대 한쪽 구석에, 스퀴스와 셀레는 욕실에 걸이둔다.

마치 호텔 방 같은 침대 정리도 익숙해지면 금방이다. 원숭이 인형 '바비짱'은 가도쿠라 씨가 한 살 때부터 지금까지 가지고 있는 것으로, 언제나 침대 위에 자리를 잡고 있다.

가도쿠라 씨의 주방에 있는 목제 조리대에도, 주방 일을 수월하게 하기 위한 수납 아이디어들이 돋보인다. 3개의 서랍에는 음식물쓰레기 처리에 필요한 신문지나 비닐봉지, 행주, 랩 종류를 나누어서 넣고, 아래에는 넉넉한 크기의 밀폐 용기(stocker) 등을 놓아둔다.

# 나만의 수납 규칙

살다 보면 어떻게 해도 물건은 늘어나게 되어있습니다. 우편물만 봐도 그렇지요. 우편함에 잔뜩 든 것 중에 정작 필요한 것은 극히 일부입니다. 저는 필요 없는 것들이 우편함에 들어있는 것 자체를 막고 싶어서, 발송처에 DM(전단지)을 보내지 말라고 바로 연락합니다. 그렇게만 해도 우편물이 꽤 많이 줄어들어요.

가지고 있는 물건들은 일정량을 넘어서지 않도록 수납합니다. 일정량의 기준은 '넣고 꺼내기 쉬울 만큼'입니다. 선반이나 서랍 안이 꽉꽉 들어차 무언가를 넣고 빼기가 어렵다면 정리가 번거로워지고, 내용물이 한눈에 들어오지 않으면 쓰지도 않고 팬히 놓아두기만 하는 물건들이 생깁니다. 저는 찬장이나 서랍을 열었을 때 깊은 안쪽까지 잘 보이지 않는다 싶으면 조금씩 처분한다는 규칙을 세워두었습니다. 온갖 물건이 여기저기에 흩어져있으면 머릿속에서 관리가 잘 되지 않기에, 가능한 한 수납 장소는 한 군데로 모읍니다. 독일에 있는 외할아버지의 집이 바로 이러한 식인데, 저는 일 년에 한두 번 갈까 말까 하는 외할아버지 집의 어디에 무엇이 있는지 다 알아요. 그만큼 알기 쉽게 수납되어 있기도 하고, 외할아버지께서 직접 가르쳐주시기도 했기 때문입니다.

수납을 한 본인뿐 아니라 가족 전원이 무엇이 어디에 들어있는지 알고 있어야 한다는 점이 매우 중요합니다. 일본에서는 오직 어머니만 그것을 알고 있어서 가족들이 물으면 하나하나 꺼내주는 식인데, 그러면 나중에 또 그것을 정리해서 넣는 것도 어머니의 몫이 됩니다. 그러니 정리에 대한 인식이 더 나아지지도 않고, 주부의 부담도 줄어들지 않는 것이 아닐까요.

수납 장소를 가족 전원이 알 수 있도록 라벨을 붙이는 방법이 있는데, 제 어머니도 좋아하셨던 방법으로 역시 정리정돈에는 라벨이 매우 효과적이지요. 저는 같은 브랜드 상품을 여러 개씩 사서 쓰는 만큼 주방 선반에도, 서랍장에 넣는 서류 파일에도 라벨을 붙여두면 내용물을 한눈에 파악할 수 있어 좋습니다.

같은 제품을 여러 개 사서 쓰면, 일단 보기에 깔끔하면서 공간 활용에서도 버려지는 공간이 잘 생기지 않는다는 장점이 있습니다. 주방 식료품을 넣어두는 벽걸이형 선반은 홈센터에서 선반 널과 받침대를 사서 단을 늘린 다음, 각각의 높이에 맞는 수납 상자를 나란히 놓습니다. 선반의 치수와 상자 크기를 잘 맞추고, 거기에 상자를 반투명 상자로 골라 내용물을 확인할 수 있게 해두면 쓰기 편합니다.

조미료 병들을 놓아두는 회전 트레이는 어머니의 주방에서 아이디어를 얻은 것입니다. 여기에 병들을 담아두면, 안쪽에 있는 것을 꺼내려다 앞쪽의 병들을 죄다 넘어뜨리는 사고를 막을 수 있어 매우 유용하답니다.

식료품은 두 종류 사이즈의
반투명 상자에 나누어 수납
한다. 같은 브랜드 상품으로
맞추면 들쑥날쑥하거나 틈
이 남는 일 없이 보기에도
통일성이 느껴진다. 라벨을
붙여 내용물을 일목요연하
게 정리한다.

깊이가 있는 선반에 작은 용
기들을 많이 넣는 경우, 회
전 트레이를 쓰면 안쪽에 있
는 것을 꺼내고 넣기가 쉬워
좋다. 이 트레이는 다른 선
반에 식기를 수납할 때도 유
용하게 쓰고 있다.

손님이 많을 때 꺼내는 와인 잔은 거실에 있는 오래된 카운터장에 수납해둔다. 같은 종류의 잔을 안쪽부터 앞쪽까지 일렬로 놓아두면, 꺼내고 넣기가 수월하다.

작업실 선반에 수납해둔 파일은 선반 널과 파일 높이가 딱 맞아떨어지는 점도 눈여겨보자. 서류 정리를 자신만 알아보면 된다 싶으면, 라벨도 대략적으로만 써서 붙여도 된다.

넣고 꺼내기 쉽도록 수납하는 방법으로 제가 쓰는 또 한 가지는, 유리잔 종류를 일렬로 수납하는 것입니다. 같은 종류를 안쪽부터 앞쪽까지 주욱 일렬로 수납해두면, 필요할 때 앞에 있는 것부터 차례대로 꺼내 쓰면 되어 매우 편합니다. 수납 가구는 골동품 가게에서 구입한 카운터장으로, 이것도 구입한 후에 제 손으로 직접 칸을 늘려 물건이 더 많이 들어갈 수 있게 했습니다. 아래쪽 서랍에는 커피 잔을 수납해두고 있는데, 높이며 깊이도 안성맞춤입니다. 오래된 가구라 만듦새가 튼튼해서, 내용물이 묵직해도 서랍이 부드럽게 잘 여닫힙니다. 수납 도구는 겉보기에 아무리 마음에 들어도 쓰기가 불편하면 의미가 없으므로 이렇게 자신에게 맞는 사용 방법을 찾아가야 합니다.

작업실 선반에 있는 파일은 모두 일본의 백엔숍에서 산 것입니다. 제가 쓰기 편한 대로 분류해두었기 때문에, 라벨도 대략적으로 붙였습니다. 좀 더 빈번하게 사용하는 파일에는 공공요금이나 보험, 통신 관련 서류, 은행이나 인터넷 관련 비밀번호, 여권번호 등을 적은 것들을 모아두었습니다. 매일의 일상에 가장 중요한 정보는 여기에 모아두고, 국내외를 이동할 때도 이 파일을 통째로 챙겨 가면 안심이 됩니다. 파일을 수납할 때도 하나의 항목당 하나의 파일을 할당하고, 내용물이 많아지면 파일 권수를 늘리는 것이 아니라 오래된 서류를 폐기처분하는 것으로 규칙을 정합니다. 그것이 정돈된 상태를 유지하는 비결이랍니다.

무언가를 담아둘 때는 마음에 드는 것에

작업의 효율성을 따져보면, 물건들을 죄다 찬장이나 서랍에 넣는 것이 능사는 아닙니다. 밖에 보이도록 꺼내놓는 편이 효율적인 경우도 있으므로, 그럴 때는 어디에 담을지 신경 써서 고른 다음 방에 놓아둡니다.

예를 들여 옆의 사진에 나와 있는 바구니는 세탁 후 아직 다림질을 하지 않은 것들을 임시로 보관하는 용도로 쓰는 것입니다. 주름이 진 셔츠나 시트도 이 바구니에 넣어두면 은근히 그럴싸해서, 매우 유용하게 쓰고 있습니다. 용기의 디자인이 마음에 드는 것이면, 신경을 많이 써서 정리하지 않아도 인테리어에 대한 만족감을 얻을 수 있습니다.

작업용 책상도 여기저기 놓인 필기 용품 때문에 산만해 보이기 쉽지요. 저는 작은 트레이를 놓아두고, 그 위에 질감이 마음에 드는 펜꽂이나 통을 나란히 둔 다음 도구들을 분류합니다. 용기는 원래 그 용도로 만들어진 것이 아니라도, 자신이 쓰기 편하고 마음에 드는 것이면 됩니다. 저는 클립 같은 작은 필기 용품을 넣어두는 용도로 무늬가 예쁜 찻종지를 쓰고 있어요.

태국 여행에서 사온 직사각형 바구니. 디자인이 마음에 들면,
세탁물을 담아 방에 놓아두어도 거슬리지 않는다. 이렇게 쓰
려고 산 것은 아니지만, 적당한 쓰임새를 잘 발견해낸 것 같
아 만족스럽다고.

주방 싱크대 쪽에는 심플한 용기에 담긴 세제와 비누가 있다. 스펀지는 한 손에 쏙 들어오게 절반 크기로 잘라서 쓴다.

책상 쪽도 트레이와 찻종지 등 마음에 드는 용기를 모아서 깔끔하게 정리했다. 차 한잔을 마시며 컴퓨터 작업을 하는 일이 많아서, 컵 밑에 받치는 코스터도 여기에 두었다.

주방이나 욕실 등에서 쓰는 세제나 샴푸, 비누 종류는 상품명이 눈에 띄는 병을 버리고 심플한 디자인의 용기로 옮겨 담거나 겉의 라벨을 벗겨내기만 해도 공간 전체가 훨씬 깔끔해 보이는 효과를 줍니다. 제가 설거지용 주방 세제를 옮겨 담은 용기는 이케아에서 산 오일 병입니다. 약간만 기울이면 적당량이 흘러나와 편리하답니다.

또 거실이나 식당의 인테리어를 중요하게 생각한다면, 가급적 플라스틱 제품을 쓰지 않는 편이 좋다고 생각해요. 편리하고 기능적이며 가격도 저렴한 플라스틱은 선반이나 서랍 안쪽을 정리할 때 제격이지만, 계속 밖에 나와 있어 눈에 잘 띄는 경우라면 나무나 천연 소재 바구니, 도자기, 은 등 독특한 소재감이 있는 도구를 쓰는 편이 공간을 세련되어 보이게 합니다.

일단은 어떤 물건이든 제자리를 정하고, 다 쓰고 나면 그 자리로 갖다 놓는 것을 철저히 지켜야 합니다. 그리고 그렇게 놓아두는 자리가 항상 바깥에 노출되는 경우라면, 용기의 질감까지 신경을 써야 합니다. 우리 남편은 저와 정반대라서, 무엇이든 눈에 보이는 곳에 꺼내두고 싶어 하는 사람입니다. 충전기나 연고 등 매우 일상적이지만 그에게는 매일 꼭 필요한 물건을 모아서 마음에 드는 디자인의 상자에 넣어두기만 해도 저로서는 불만족스럽던 마음이 어느 정도 누그러져요(웃음).

# 조명으로 '활동'과 '휴식' 모드를 전환한다

우리 집의 밤은 일본의 일반적인 생활 감각에 비하면 꽤 어두운 편일지도 모르겠어요. 식사 시간에도 작은 스탠드와 양초만 켜는 것이 기본입니다. 이 조명을 켜면 저도 남편도 '일은 끝나고 지금부터는 휴식 시간'이라는 전환이 되면서, 식사를 마친 후에도 소파에 느긋이 앉아 수다를 떨거나 책을 읽으며 시간을 보낼 수 있게 됩니다. 책을 읽을 때는 제 곁으로 바로 그 주변만 밝혀주는 램프를 당겨와 불을 켜면 그것으로 충분합니다. 방 전체를 밝힐 필요가 없는 것입니다.

일본인들은 바빠서인지 올빼미형 인간이 많은 것 같아요. 그렇지만 밤에는 제대로 푹 자고 아침 일찍 일어나는 생활 리듬이 사람의 몸에 잘 맞고, 이는 나이를 들어갈수록 더 그러합니다. 우리 부부는 매일 밤 9시 반이면 잠자리에 드는데, 물론 조금 더 있다 자야지 하면 그럴 수야 있지만 다음 날 아침을 생각하면 루틴을 지켜서 일찍 자는 편이 훨씬 낫습니다.

나이가 들어서는 그렇게 일찍 자려고 해도 잠이 안 온다고들 하지만, 해가 진 다음 조명을 어둑어둑하게 하고, 신경을 천천히 휴식 모드로 맞추면 분명 잘 수 있답니다.

저녁 시간 이후의 거실은 조명 연출부터 낮 시간과는 전혀 다른 분위기로 바뀐다. 보조탁자에 세워둔 조그마한 스탠드의 셰이드에서 오렌지 빛이 부드럽게 비친다. 책을 읽을 때는 램프를 가까이 당겨와서 쓴다.

그러니까 저는 매일의 생활을 루틴화하는 데 빛의 힘을 이용하는 셈입니다. 반대로, 어쩔 수 없이 밤에 컴퓨터 작업을 한 날에는 아무리 피곤해도 쉽게 잠이 오지 않습니다. 최소한 자기 30분 전에는 컴퓨터나 텔레비전 등의 시각적 자극을 피하는 것이 잠을 잘 자는 요령이 아닐까 싶어요.

독일에서는 '활동을 위한 조명'과 '휴식을 위한 조명'을 명확히 나눕니다. 병원이나 사무실에서는 천장에 새하얗게 빛나는 조명을 달아 무엇이든 잘 보이게 하지만, 레스토랑이나 호텔 같은 곳에서는 조명을 천장에 달아 전체를 비추는 경우가 잘 없습니다. 집 안에서도 아이 방이나 작업실은 밝지만 거실과 주방은 살짝 어둡게 하거나, 낮과 밤에 따라 방의 밝기를 다르게 하면 집 안에 있어도 활동과 휴식 모드가 확실히 구분됩니다.

예전에 독일에서 아르바이트로 베이비시터 일을 했을 때도, 아이를 재우는 일로 고생했던 적은 없었습니다. 독일에서는 아이에게 매일 같은 시간에 같은 일을 하게 하는 것이 좋다는 인식이 있어서, 저녁 식사와 목욕, 침대에서 그림책을 읽어주는 것까지 매일 같은 리듬으로 반복하면서 저녁 시간부터 자연스럽게 수면 모드로 들어갈 수 있게 합니다. 사람의 몸은 기본적으로 그렇게 만들어졌다는 것을 실감하면서, 저는 빛을 약간 어둑하게 하고 일찍 자는 것, 이 두 가지를 밤 시간의 규칙으로 세웠습니다.

컴퓨터 책상 위의 조명은 기능성을 우선으로 한 LED 스탠드를 쓰고 있다. 독일에서 발견한 빈티지한 램프가 무미건조한 백열등의 빛을 부드럽게 만들어준다.

"방 어딘가에는 잠깐이라도 마음을 비우고 즐거워할 수 있는 무언가가 있는 것이 좋다."는 가도쿠라 씨. 바비짱(33쪽) 탓인지, 원숭이를 모티프로 한 잡화들이 여기저기에 있다.

현관과 거실을 연결하는 복도, 집 안에서도
눈에 잘 들어오는 벽에 부모님과 조부모님의
오래된 사진을 걸어두었다. 흑백사진을 두 가
지 색깔 액자에 넣어서 랜덤으로 배치했더니,
역동적인 레이아웃이 구석마저도 세련되어
보이게 한다.

## 방은 그림이나 사진을 걸었을 때 완성된다

일본에서는 아직 방을 '장식'하는 것에 대한 인식이 그리 높지 않지만, 서양에서는 그림이나 사진을 걸어 장식을 해야 비로소 방이 완성된다는 인식이 있습니다. 패션으로 이야기하자면 액세서리 같은 것이지요. 벽에 아무것도 걸려있지 않은 방은 어딘가 미완성이라는 느낌을 줍니다.

제 어머니는 아버지의 전근을 따라 이사를 갈 때마다 새로운 집의 벽에 곧바로 무언가를 걸었습니다. 액자에 끼운 포스터, 떨어져 사는 식구들의 사진, 해외에 있을 때는 일본을 떠올리게 하는 에도 시대의 연이나 탈을 장식해둔 적도 있습니다. 어머니에게는 가구를 놓는 것과 마찬가지로 자연스러운 행동이었고, 저에게도 그러한 감각은 몸에 배어있습니다. 지금도 복도에 부모님의 결혼사진, 조부모님의 사진 같은 것을 액자에 넣어 걸어둡니다.

그림이든 사진이든 각도에 따라 액자가 빛을 반사하지요. 사실은 그것이 인테리어에 있어 액세서리와 같은 효과를 줍니다. 제가 이전에 살았던 집은 식당이 좁아서 아무리 해도 폐쇄적이고 답답한 느낌을 주었는데, 창문이 있었으면 싶은 자리에 그림 액자를 걸었더니 숨통이 좀 트이는 느낌을 받았습니다. 이렇게 창문 자리에 대신 걸어두는 용도로는 거울을 추천합니다. 그저 평평하기만 한 벽에 깊이감을 불어넣어 주거든요.

벽에 액자를 걸 때 색깔이나 크기, 위치 등의 균형을 보기 좋게 맞추는 것이 의외로 어렵답니다. 작품을 사는 것도, 벽에 거는 것도 자기 혼자 결정하기보다는 누군가와 함께 의논하면서 해나가면 실패하지 않을 거예요. 인테리어에 대한 고집이 있었던 어머니는 벽에 붉은 빛의 그림을 걸고 싶다는 생각이 들면 임시로 붉은 천을 걸어서 눈에 거슬리지는 않는지 크기는 어느 정도가 좋을지 등을 시뮬레이션해보고 나서야 구입하러 나섰습니다. 만족스러운 결과를 위한 어머니만의 방법이었던 것이지요.

값이 싸고 비싸고의 문제가 아니라, 그 자리에 두었을 때 인테리어가 풍부해지고 공간이 넓어 보이는 것이 예술 작품과 사진의 매력입니다. 우리 집 거실 소파의 뒤쪽 벽에는 후나코시 카쓰라 씨의 커다란 작품이 하나 걸려있습니다. 거기에서 조금 떨어진 통로에는 꽃 그림을 넣은 작은 액자 12장을 나란히 걸어두었습니다. 사실 이 액자들은 백엔숍에서 산 것들입니다. 작은 그림이라도 이 정도로 여러 개를 액자에 넣으려면 돈이 꽤 들겠다는 생각을 하고 계신가요? 저는 심플한 액자를 하나당 백 엔에 구입하고, 새로 알게 된 온라인 쇼핑몰에서 깔개를 주문해서, 전체적으로 저렴한 비용에 끝냈답니다. 계속 걸어둘 작가의 작품은 액자도 신경 써서 고르지만, 일단 한번 사볼까 싶은 것들은 싸게 구할 수 있는 방법을 찾아보면 좋겠지요.

후나코시 카쓰라 씨의 작품
은 존재감이 강해서. 여기
벽에는 이 한 장의 그림만
걸어두고 있다. 액자에 반사
되는 빛은 창문이나 거울처
럼 인테리어에 생생한 표정
을 안겨준다.

액자 장식에서는 액자와 그
림 사이에 끼우는 깔개도 중
요한 역할을 담당한다. 밸런
스를 잘 맞추면 작품이 훨씬
깊이 있어 보인다. 가도쿠라
씨는 인터넷으로 손쉽게 구
했다고.

집 안 어딘가가 조금이라도 불편하면 그것을 해소할 수 있는 대책을 이리저리 강구해봅니다. 해결되기 전까지는 그것이 계속 머릿속에서 맴돌기도 하고, 아무래도 매일매일의 생활에 직접적으로 관련된 것이니만큼 짜증을 유발하는 것은 빨리 없애버리는 것이 좋으니까요. 그렇게 하지 않으면 집이 '기분 좋은' 공간이 될 수가 없겠지요. 지금 불편한 부분은 10년 후엔 더더욱 불편해지고, 그때 가면 해결하는 작업도 더더욱 큰일이 되어있을지도 모릅니다. 무언가를 느꼈다면 역시 그곳은 무언가 문제가 있는 것입니다. 자신의 느낌을 제대로 직면해서 살펴보고 해결책을 찾으면 답은 반드시 나옵니다.

그것은 집을 기분 좋은 공간으로 만들기 위해서라면 절대 타협하지 않았던 어머니의 자세를 보면서 항상 느꼈던 것입니다. 제 어머니와 아버지는 몇 년 전 가루이자와에 아주 작은 별장을 샀는데, 일 년에 한두 번씩 일주일 정도만 지내고 돌아오는 식의 사치를 부리려는 별장은 아니었습니다. 제가 봐도 이렇게 하면 본전은 충분히 뽑겠다 싶었을 정도로, 어머니는 그 집을 알뜰히 쓰셨습니다. 아버지는 집보다 사람들을 만나는 데 돈을 쓰는 것을 좋아하는 분이어서(웃음) 어머니는 보통 주말에 혼자 그 별장에 가셨는데, 여름엔 몇 개월을 보내기도 하셨습니다.

그리고 손수 하거나 그곳 심부름센터 직원의 도움을 받아 차고에 차양을 덧대어 비가 오는 날에도 차로 짐을 옮기기 쉽게 하고서 좀 더 조망이 좋은 위치로 창문을 옮기는 등 이런 것까지 할 줄이야! 싶을 정도로 철저히 신경을 쓰셨습니다. 그렇지만 할 수 있는 것은 해보고 그 결과에 납득할 수 있는 상태가 되면, 그다음은 책을 읽거나 산책을 하고 돈을 거의 쓰지 않습니다. 일반적으로 독일인 중에는 어머니처럼 자신만의 가치관이 뚜렷한 사람이 많은 것 같아요.

그런 어머니만큼은 아니지만, 저도 일상생활에서 사소한 궁리들은 많이 하는 편입니다. 환기를 좋아하는 독일인의 피를 이어받아서인지 저는 집 안의 온갖 창문과 문을 다 열어두는데, 때때로 문이 쾅! 하고 요란하게 닫히는 것이 너무 싫어서 마땅한 도어스토퍼가 없을지 방을 둘러보았지요. 그러자 디자인은 마음에 드는데 쓰기가 불편했던 북엔드가 눈에 들어왔습니다. 한번 시범 삼아 놓아보니, 무게감이 있어 도어스토퍼로 쓰기에 안성맞춤이었습니다. 보기에도 사랑스러워서, 손님이 오면 곧잘 화두에 오르는 인기 아이템이 되었답니다.

그 외에도 너무 많아서 구별이 힘들었던 양념통 뚜껑마다 라벨을 붙인다든가, 외출할 때 물건을 깜박하고 잘 놓고 나가는 남편을 위해 챙겨야 할 물건 리스트를 문에 붙여두기도 했습니다. 일상의 불편과 실패를 조금씩이라도 줄이기 위해 소소한 아이디어를 가볍게 시도해보면서, 자신만의 기분 좋은 공간을 추구해가는 것입니다.

개구리가 다리를 쭉 뻗고 책을 읽고 있는 모습이 웃음을 자아내는 북엔드. 마음에 쏙 들긴 하지만 책장에 두니 자리를 너무 많이 차지해서, 편하지는 않았다. 도어스토퍼로 써보니 무게도 모양도 안성맞춤.

종류도 많고 병 디자인도 비슷비슷해서 구별하기가 힘들었던 양념통들. 뚜껑에 마스킹테이프로 라벨을 붙였더니 간단히 해결되었다.

남편이 잊어버리고 나가지 않도록 휴대전화, 사원증, 열쇠 등등 매일 챙겨야 할 물건 리스트를 작게 메모해서 문에 붙여둔다. "이렇게만 해도 은근히 효과가 좋다."는 가도쿠라 씨.

정리 작업은 꼭 누군가와 함께

물건들의 필요 여부를 판단하는 작업은, 새로운 물건을 구입할 때부터 시작됩니다. 저는 거실에 놓아둔 라디오를 샀을 때, 부속품이었던 리모콘을 버렸습니다. 동선을 따져보니 굳이 리모콘이 필요하지 않을 것 같고, 언젠가 필요할지도 모른다고 놓아두면 결국 쓰지도 않는 채로 몇 년씩 그냥 둘 것이 뻔해서 일찍 처분해버린 것입니다.

제 경험상, 판단을 할 때는 빨리 하는 것이 좋습니다. 나중에 생각하기로 하고 일 년 뒤에 다시 생각해보았는지 물어보면 보통 하지 않은 경우가 많으니까요. 제일 처음의 직감으로, 필요하지 않다 싶으면 바로 처분합니다. 그렇게 해서 나중에 곤란해지는 경우는 사실 거의 없습니다.

추억이 쌓인 물건의 정리 작업은 가족이나 친구 등 신뢰할 수 있는 사람과 같이 하는 것이 좋아요. 객관적인 시선으로 판단해주면 결심을 하기도 쉽고, 작업에 도움을 받을 수도 있습니다. 제 어머니가 별장에서 그랬던 것처럼, 심부름센터 직원의 손을 빌려도 좋겠지요. 어떤 식이든 지금 생활의 어디가 불편하고 어떻게 개선하고 싶은지를 명확히 해두지 않으면 정리 작업을 제대로 할 수가 없습니다. 자신이 스스로 잘 생각해서, 방향을 잘 잡는 것이 중요합니다.

가도쿠라 씨의 집 신발장 안에 항상 들어있는 '처분 상자'. 필요 없어진 것들을 여기에 넣어 두고, 가족이나 친구에게 주거나 재활용 상자 에 넣거나 한다. 물건은 늘어나기 마련이므로 항상 물건의 순환에 신경 쓰고 있다.

01.        Living        Tania Kadokura

런던에서 살던 시절에 모았던 아담한 꽃무늬 컵과 받침. 금이 간 컵은 지인에게 부탁했더니 원래 무늬의 일부인 것처럼 자연스럽게 꾸며서 잇대주어 감동받았다. 컵에 대한 애정도 한층 상승!

신문을 읽는 시간은 세계와 연결되어 있다는 느낌을 받을 수 있어 늘 좋다. 언제나처럼 모닝커피 한 잔을 들고 거실 소파에 앉아 신문을 펼치면, 나만의 사치를 누리는 듯한 기분이 된다.

일러스트레이터 마쓰모토 요코 씨의 일러스트는 우리 집의 분위기와 잘 어울리는 것 같아 엽서가 눈에 띄기만 하면 자꾸 사게 된다. 액자에 넣어 방에 걸어두기도 한다.

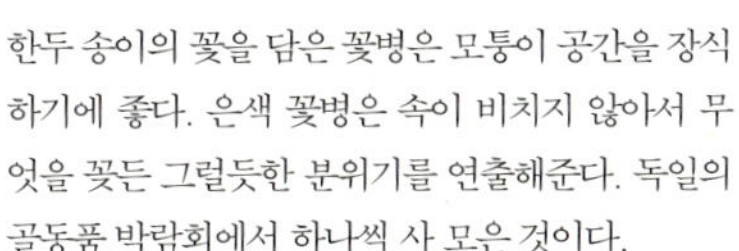

한두 송이의 꽃을 담은 꽃병은 모퉁이 공간을 장식하기에 좋다. 은색 꽃병은 속이 비치지 않아서 무엇을 꽂든 그럴듯한 분위기를 연출해준다. 독일의 골동품 박람회에서 하나씩 사 모은 것이다.

독일에서 구한 나무틀과 타일을 조합해 만든 쟁반. 디자인이 마음에 드는 쟁반을 거실의 보조 탁자에 놓아두면 언제든 눈에 들어오기도 하고, 따로 컵 받침이 없어도 되어서 편리하다.

# 정원

## Gardening

# Chapter 02.
# Gardening

Keiko Yoshiya

요
시
야

케
이
코

---

"사람이면 누구나 모성이나 부성을 타고나듯이, 나이가 들수록 녹색 식물을 키우고 싶어지는 것은 자연스러운 본능이다." 그렇게 말하는 그녀 자신도 정원 가꾸기의 매력에 눈을 뜬 것은 30대 중반을 넘어서였다. 화려한 광고계에서 디자이너로 활약하다 영국으로 이주해 생활하는 동안 접하게 된 정원의 깊은 세계. 식물을 보살피고 정원을 디자인하는 일의 재미와 기쁨은 해가 갈수록 더해간다고.

목소리는 들리지 않지만 식물들이 전하는 메시지를 민감하게 알아채고 애정 어린 손길로 보살핀다. 그러면 식물들은 반드시 색깔이나 향기로, 혹은 생생한 자태로 보답해준다. 거기에서 오는 정원 가꾸기의 기쁨은 앞으로 살아가야 할 우리의 인생 후반에 커다란 생의 보람을 가져다 줄 것이라고 믿고 있습니다.

20대 때 저는 광고 의상이나 세트 디자인, 백화점의 진열장 디스플레이 같은 일을 하면서 버블경제 시대를 누구보다 바쁘고 활기차게 보냈습니다. 그러다 30대 중반에 버블경제가 붕괴되면서 앞으로 어떻게 살아야 할지 생각하게 된 순간, 같은 자리에서 계속 같은 일을 해나갈 비전이 저에게 없다는 사실을 깨달았습니다.

지금까지의 일과 생활을 한번 새롭게 정리하고 가자는 마음으로, 남편과 둘이서 영국으로 갔습니다. 그곳에서 정원의 규모에 상관없이 정원 가꾸기를 즐기고, 사치스러운 취미가 아니라 넉넉하고 여유로운 마음으로 살아가는 영국 사람들을 만났습니다. 일본에서는 원예에 전혀 흥미를 느끼지 않았었는데, 영국에서는 그것이 자연을 이용해 디자인하는 하나의 예술로 존재하고 있다는 것에 깊은 감명을 받으면서 오랜 기간 디자이너로서 살아온 피가 뜨거워졌습니다.

막 이주했을 때는 아파트에서 살았지만, 정원이 딸린 집으로 이사하면서 본격적으로 정원 가꾸기에 뛰어들었지요. 공개 정원이나 플라워 쇼에 가서 정원사들에게 질문 공세를 해대면서, 영국식 정원에 대해 새롭게 배우는 나날을 보냈습니다. 그렇게 7년간의 영국 생활을 마치고 귀국한 후에 정원 디자이너로 활동을 시작했고요. 영국으로 건너가기 전, 30대였던 저는 앞으로의 40대, 50대, 60대를 어떻게 보낼지 도저히 그려볼 수 없었습니다. 그런데 영국 정원 가꾸기의 세계에서는 나이를 먹은 여성일수록 더 멋진 정원을 만든다는 사실에 커다란 희망을 느꼈습니다. 거기다 정원을 가꾼다는 것은 생물을 다루는 일이니만큼 아이나 반려동물을 사랑하는 것과 근본적인 태도는 같습니다. 그렇게 따지면 모성이나 부성을 타고난 성인이 자연스럽게 정원 가꾸기에 끌리게 되는 것도 충분히 납득이 되고, 하루하루 꽃과 녹색 식물의 세밀한 변화에 기뻐할 수 있는 것은 미의식을 갖춘 성인의 특권이라는 생각도 듭니다. 그런 우리가 아이를 키우듯 소중한 정원을 좀 더 세련된 풍경으로 만들어갈 수 있도록, 제가 영국에서 배워 온 여러 기본적인 방법들을 이제부터 나누려 합니다.

요시야 씨의 자택에는 원예 작업실이 있어 장갑과 삽 등 원예도구가 착착 수납 정리되어 있다. 요시야 씨의 손때가 묻은 도구들에서 정원 가꾸기라는 일과 식물을 향한 요시야 씨의 진지한 마음가짐이 전해진다.

## 원예의 목적은 다른 사람의 눈을 즐겁게 하는 것

정원을 만들 때 중요한 것은 '만들고자 하는 풍경이 다른 사람들의 눈을 즐겁게 하는 것인가'를 먼저 고려할 줄 알아야 한다는 것입니다. 원예를 자신만의 즐거움을 위한 것이라고 생각하면, 꽃집에서 일단 좋아하는 꽃의 화분을 사와서 정원에 놓아두면 되겠지, 같은 생각을 하게 되지요. 그렇게 만들어진 정원은 알록달록하고 다양한 꽃들이 있어도 전체적으로 어쩐지 산만하다는 인상을 주기 마련입니다.

정원은 자기 집의 영역인 동시에 외부와도 만나는 장소이기 때문에, 길을 오가는 사람들이 보면서 멋지다 생각하거나 꽃을 보며 계절을 느끼는 그러한 존재가 된다면 좋겠습니다. 예를 들어 저는 푸른 색깔의 꽃을 좋아하지만, 겨울에는 길과 접해있는 현관 앞에 따뜻한 색 계열의 꽃을 걸어둡니다. 추운 날씨에 길을 걸어 다니는 사람들이 그것을 보고 조금이라도 따뜻한 기분을 느꼈으면 해서입니다.

정원 가꾸기란 아무래도 수고로운 작업이라서, 자기 혼자 보고 즐겁기 위해서 만든 정원은 의외로 유지가 잘 되지 않습니다. 다른 사람들이 칭찬을 해주거나 보고 즐거워하는 모습이 새로운 격려가 되어 매일의 수고를 감당하게 되는 것이 바로 정원 가꾸기라고 생각해요.

옥상 남쪽 모퉁이. 바로 앞쪽
에 보이는 흰색 꽃은 나비바
늘꽃(Gaura), 안쪽에 백묘국
(Senecio cineraria)이며 램즈
이어(Stachys byzantina)를 심
어 흰색과 은색의 세계를 만들
었다. 이 정원에 사람들이 모이
는 것은 바비큐나 맥주 파티를
여는 저녁 무렵이 많아서, 어둑
어둑할 때도 눈에 잘 들어오는
흰색 꽃을 심었다.

1층 현관홀에서 2층 거실로 이
어지는 계단의 층계참. 가족이
든 손님이든 가장 많이 오가는
곳이니만큼 창문을 중심으로
균형을 맞춰 관엽식물과 가구
를 배치했다.

가장 눈에 잘 띄는 위치에서 보았을 때, 아름다운 층을 이루는 풍경이 되는 것이 중요하다. 앞쪽의 보라색 꽃은 버들마편초(Verbena bonariensis), 뒤쪽으로는 마타리, 그 맞은편으로 황금실화백(Filifera Aurea)을 심은 옥상 북쪽 화단.

## 층을 지어주면 그림 같은 정원이 된다

영국식 정원을 보며 관심을 가졌던 부분은 '정원을 층으로 생각하는' 사고방식이 었습니다. 뚜렷이 눈에 띄는 주인공 식물, 배경으로 좌악 넓게 펼쳐지는 식물을 투명한 종이에 그림을 그리듯이 심으면서 '그림 같은 풍경'을 만드는 것입니다. 정원사라면 누구든 '그림을 그리듯 정원을 만든다'는 의식을 갖고 있어서, 오랫 동안 우리 집의 정원을 봐주었던 정원사도 제가 정원에 대해 무언기 질문하면 입 버릇처럼 "그림 같은"이란 말을 하곤 했습니다.

'그림 같은 정원 만들기'에 반드시 필요한 것은 함께 심은 식물들 간의 팽팽한 균형 을 맞추는 일입니다. 모양이 닮은 식물은 바로 이웃해서 심지 말아야 합니다. 저는 종종 "점과 선과 면으로 정원을 만들어보세요." 하고 가르치곤 하는데, 풍경의 주인 공이 되는 식물(점), 위로 솟아오르는 식물(선), 옆으로 넓게 퍼지는 식물(면)을 잘 조합하면 많은 종류의 식물을 심더라도 정신 사나운 느낌을 주는 대신 디자인을 느 낄 수 있는 정원이 됩니다. '점'의 역할은 보통 꽃이 맡는 경우가 많지만, 녹색의 풀 만으로도 이 규칙을 잘 지키면 입체감이 있는 풍경을 만들 수 있습니다.

처음 정원을 만드는 분들 중에는 꽃 끝 부분만 보고 마음에 드는 꽃들로만 골라서 심는 분들이 있는데, 정원을 만들 때 중요한 것은 사실 잎사귀들을 어떻게 활용하느냐입니다. 꽃으로 가득 찬 정원만 아름다운 것이 아니라, 자신만의 디자인이 있으면 푸른 잎사귀들만 있는 정원이라도 매우 세련되어 보일 수 있습니다.

영국의 개인 정원 중에 재즈를 테마로 한 정원, 수학이론을 테마로 한 정원 등을 작품으로 만나보며 감동을 받은 적이 있습니다. 그 정원의 주인들은 자신이 가장 좋아하는 재즈 음악을 연주하거나 수식을 써 내려가는 감각으로 정원을 만든 것입니다. 정원 가꾸기가 진정 예술이라고 절실히 느꼈던 순간이었습니다.

저도 집의 정원을 크고 작은 7개의 모퉁이로 나누고, 각각의 장소에 테마를 부여해 식물을 심었습니다. 동서남북에 좁고 긴 화단이 총 4개 있는 옥상에는, 각각 색깔별 테마를 정해서 북쪽과 남쪽은 흰색이나 연분홍, 동쪽은 파랑이나 보라, 서쪽은 빨강과 노랑을 기본 색으로 한 풍경으로 가꾸었습니다. 각 화단은 어느 위치에서 보이는 경우가 많은지를 따져서, 문득 눈길을 주었을 때 식물들이 아름다운 층을 이룬 풍경이 되는지 신중히 보면서 식물을 심었습니다.

'정원을 층으로 보는(겹쳐서 보는)' 요령을 익히고 나면, 하나만 떼어놓고 보면 평범하고 새로운 맛이 없는 식물도 주변 식물과의 조화에 따라 의외의 매력을 뽐내게 할 수 있습니다. 그것이야말로 '정원을 디자인하는' 즐거움이겠지요.

석양빛이 닿는 화단에는 계획적으로 노란 황금실화백을 배경으로 붉은 헬레니움(Helenium)이 주인공이 되도록 심어 꾸몄다. 모양의 조화에서도 균형감이 느껴진다.

아침 햇살이 드는 화단은 초록을 기본 색으로 해 상쾌한 인상이다. 앞쪽에 있는 넓은 잎의 돌부채(Bergenia)와 가느다랗게 뻗어 올라간 보라색 꽃 버들마편초의 키 차이가 포인트.

일본의 보통 주택가에 지은 집이라고는 믿을 수 없는, 요시야 씨의 자택 주방에서 바라본 풍경. 창문 바깥에는 직사각형의 컨테이너 상자를, 실내의 창문 근처에는 작은 화분들을 놓아두었다. 벼룩시장에서 발견한 벨기에의 식탁보를 레이스 커튼 대용으로 쓰고 있다.

# 정원이 보이는 풍경의 위안

유럽에서는 어떤 아파트든 창문 바깥에 화분을 놓을 수 있는 받침대가 있어서, 벽과 창틀, 꽃의 색깔을 서로 잘 매치하면서 창문 주변을 아름다운 풍경으로 꾸민다는 의식이 기본적으로 깔려있습니다. 창문의 바로 안쪽이나 바깥쪽에 식물을 놓아두면 실내에서 바라보았을 때 방에서 정원으로 그대로 이어지는 듯한 느낌을 주고, 반대로 길을 지나다니며 바깥에서 보는 사람들에게는 창문 안쪽에 분명히 멋진 방이 있을 거라는 상상을 하게끔 하는 역할을 합니다.

영국에서 돌아와 남편과 함께 아주 사소한 부분까지 신경 써가며 지은 지금 집도, 창문 밖에 화분을 놓는 받침대를 달아 컨테이너 상자를 올려두었습니다. 일본의 평범한 주택가에 지은 집이지만, 컨테이너 화분과 정원의 올리브가 층을 이루는 풍경만큼은 주방에서 바라보면 옆집의 외벽도 눈에 들어오지 않을 만큼 너무나 마음에 위안을 준답니다.

이렇게 실내와 실외가 연결되어 있는 느낌은, 일상의 폭을 한층 넓혀줍니다. 실내에서만 쓰던 가구나 쿠션을 정원으로 가지고 나가 식사나 독서를 한다든지, 정원에 핀 꽃을 한 송이 꺾어다 실내에 꽂아둔다든지 하기만 해도, 거기에서 얻게 되는 마음의 위안이란 엄청나답니다.

# 색깔은 적을수록 세련되어 보인다

제가 배운 영국식 정원의 규칙 중 하나는 '한 장소에 들어가는 색의 종류는 두 가지 계열을 넘지 않는다.'라는 것입니다. 파스텔 톤 꽃은 여러 색깔이 섞여 피어있어도, 온통 엷은 계열들뿐이라 크게 산만해 보이지 않지만, 선명한 색깔이 여러 개씩 있으면 초점이 분명하지 않아 종잡을 수 없는 인상만을 주는 정원이 됩니다.

우리 집 정원도 이 규칙을 실천하고 있는데, 옥상의 북쪽과 동쪽 화단은 노랑을 기본으로 하고 보라색 꽃으로 포인트를 주었습니다. 노란색 식물을 넓은 면적에 걸쳐 심어두어서, 누구든 이 화단의 테마 색깔을 한눈에 알 수 있습니다. 노란색 식물들도 종류에 따라 미묘하게 톤이 다르기 때문에, 여러 종류를 연속적으로 배치해 멋진 그러데이션 효과를 연출하며 깊이감이 있는 풍경으로 만들었습니다.

한편 거실에서 보이는 정원에는 기본적으로 흰색이나 푸른색 꽃만 심었습니다. 의자나 탁자 등 정원 가구들도 온통 흰색입니다. 화분은 검정. 딱히 싫어하는 색깔의 꽃은 없지만 여러 꽃들을 다루는 것이 업무인 만큼, 집에서 가장 느긋하게 뒹굴 수 있는 장소에서 보이는 정원은 눈이 피로해지지 않도록 색 밸런스를 맞춥니다.

옥상 동쪽 화단. 황금실화백과 백일홍, 그래스 계열 식물들이 노란색의 섬
세한 그러데이션을 그려낸다. 여기에 저절로 땅에 떨어진 씨앗에서 자라
난 보라색 꽃 버들마편초가 은은한 포인트가 되어준다.

색의 가짓수가 적을수록 세련되어 보인다는 것은 비단 정원에만 국한되는 이야기
는 아닐 거예요. 영국에서 살던 집에서는 난로 위나 방의 모퉁이 등 '소품 장식을 위
한 공간'이 잔뜩 있어서, 저는 그 공간들을 잘 채우기 위해 벼룩시장에 다니며 인테
리어 소품이나 장식 접시들을 부지런히 사 모았습니다.

일본으로 돌아와 집을 지을 때도, 그렇게 애정이 가는 소품으로 장식할 공간을 의
식적으로 많이 만들려 했습니다. 그리고 주방 가스대 위의 선반은 초록 계열, 거실
의 난로 위는 흰색 계열이란 식으로, 소품의 색깔을 맞춰 장식했습니다. 그렇게 하
니 소품을 많이 올려놓아도 통일감이 느껴지고 세련되어 보이더군요. 정원 가꾸기
와 같은 논리인 셈이에요.

정원이든 인테리어든 '좌우 대칭이 가장 아름답다.'는 것이 유럽의 미의식입니다.
여기에 반해 일본 정원은 부등변삼각형 모양이 정석으로 여겨지지요. 우리 집은 정
원도 실내도 유럽의 방식을 따르고 있어서, 소품을 장식할 때도 좌우대칭을 의식하
며 놓습니다. 그 공간의 주인공이 되는 아이템을 먼저 한가운데에 놓고, 그것을 중
심으로 양옆의 균형을 맞춰 소품들을 놓아갑니다.

구성 요소는 다양하게 하여 입체감을 주고, 색깔의 가짓수는 최소한으로 맞춥니
다. 이를 항상 염두에 두고 있으면, 정원이든 실내든 '그림 같이' 그려나가기 쉬울
거예요.

가스대 위에도 새로 단을 만들어 장식 공간으로 삼고, 초록색의 자기와 양초들을 잔뜩 올려놓았다. 그중 하
나에는 정원에서 꺾어온 월계수를 꽂았다. 천장에 달린 램프도 초록색이다.

# 식물이 '오래 살 수 있게' 돌보는 것

현관 앞 같은 공간을 화려하게 연출해주는 화분과 꽃꽂이는 모처럼 공을 들여 식물을 심은 만큼, 완성되면 가능한 오래도록 유지하려 하게 되지요. 애초에 튼튼한 식물을 심는 것이 기본이지만, 그 식물의 특성에 맞게 겨울에는 실내로 옮겨 추위를 막아주거나 봄에 꽃이 피면 곧바로 가지치기해 그다음 꽃이 피게 해주거나 하며 세밀하게 보살피면 화분의 수명이 달라집니다. (오른쪽 페이지 아래쪽의 꽃꽂이는 가지치기 직후 사진이에요.)

또, 화분 식물에만 해당하는 이야기는 아니지만 어쨌든 식물을 잘 키우려면 심고 물만 잘 준다고 해서 되는 것이 아닙니다. 비료와 영양제 등을 챙기는 것은 필수로, 저는 액상비료며 영양제를 일주일에 한두 번은 꼭 주려고 해요. 식물들도 살아있는 생명이니만큼 충실하게 마음을 써주면 애정이 전해져 튼튼하게 자라납니다. 누군가 우리 집에 있는 식물들이 잘 자라는 이유를 물어보면, 저는 항상 그렇게 대답해요. 꽃꽂이의 완성도에는 정원과 마찬가지로 '디자인이 들어가 있는지' '점 · 선 · 면의 조화를 이루고 있는지' '색의 가짓수가 적은지' 등 규칙의 적용 여부는 물론 식물을 심은 화분 자체의 인상도 크게 작용합니다.

흰색의 선 파라솔을 화환 모양으로 꽂아 만든 화분. 봄부터 가을까지 차례로 꽃이 피는데, 추위에 약해서 겨울 동안에는 실내에 놓아둔다.

꽃과 화분의 색깔을 맞췄다. 붉은 칼리브라코아(Calibrachoa)를 바닥에 구멍이 뚫린 같은 색깔의 플라스틱 상자에 심었다.

# 꽃의 배경을 직접 만들어본다

정원은 식물만 가지고 가꿀 수 있는 것이 아닙니다. 배경이 매우 중요합니다. 아무리 장미가 흐드러지게 피어있어도, 맞은편에 화려한 간판이 먼저 눈에 들어온다면 '꽃이 핀 풍경'으로서는 실패한 것이지요. 애써서 정원을 가꾸었다면, 거기서 그치지 않고 배경을 만드는 데까지 갔을 때 정원 가꾸기가 좀 더 재미있어집니다. 우리 집 옥상의 정원을 보면 북쪽에 나무 담장을 세워서, 맞은편 풍경을 어느 정도 차단하고 장미의 배경을 통제합니다. 바람이 잘 통하게 꽃 모양으로 구멍을 뚫고, 장미의 붉은색이 돋보이게끔 담과 벤치, 거기에 물뿌리개까지 검은색 페인트로 칠했습니다.

페인트 작업은 실제로 해보면 의외로 간단합니다. 꽃의 색깔에 맞추어 화분에 페인트칠을 하면 평범한 꽃도 예술 작품 같은 분위기를 내지요. 창틀도 그 옆에 있는 꽃이나 화분 색깔에 맞춰 색을 칠해주면 창문 부근의 인상이 확연히 달라지는 것을 느낄 수 있습니다. 여기에 또 한 가지 추천할 만한 팁은, 해가 잘 들지 않는 정원일 경우 담장을 흰색으로 칠하는 것입니다. 반사된 빛이 광합성이 잘 이루어지게 도와주어 식물이 잘 자라게 되거든요.

'패로 앤드 볼(FARROW & BALL)' 사의 옥외용 페인트로 검게 칠
한 담과 벤치가 붉은 장미와 캐스케이드를 더욱 돋보이게 한다. 화분
등을 페인트칠할 때는 커다란 비닐봉지 안에서 스프레이 통을 이용해
칠하면 수월하게 할 수 있다.

연분홍 꽃은 꿩의비름. 이 꽃을 사이에 두고 타임이나 오레가노 같은 지중해 지역의 허브를 심었다. 하나같이 건조에 강한 식물들이라 바람이 끊임없이 부는 옥상에 심어도 튼튼히 자란다.

## 식물마다 키우기 쉬운 장소가 있다

정원을 가꿀 때 의외로 놓치기 쉬운 것이 '식물이 좋아하는 장소에 심는' 것입니다. 잎으로 층을 만들거나 색깔 테마를 결정하는 것은 그다음 문제입니다. 제 정원에도 물을 좋아하고 습기에 강한 식물은 일층에, 하루 종일 바람이 부는 옥상 정원에는 건조에 강한 식물이나 허브를 선별해 심었습니다.

영어로는 'plant's ecology'라고 하는데, 그 식물이 원래 나고 자라는 땅과 비슷한 환경에 심어주면, 식물이 스트레스 없이 정원에 잘 적응하고 결과적으로 사람의 손도 덜 가게 됩니다.

제가 영국에서 배운 정원 가꾸기 방법 중에는 이렇듯 세세한 규칙들이 몇몇 더 있는데, 그러한 규칙에 따라 정원을 한번 만들어보면 왜 그것이 지금까지 통하는지 알 수 있을 거예요. 그 경험을 바탕으로, 그래도 나는 색이 다양한 정원이 좋다든가 하는 자신만의 응용을 해가면 되는 거예요. 그렇지만 우선은 살아있는 생명을 다룬다는 점을 확실히 인지하면서 기초지식을 다지는 것이 필요하다고 생각합니다.

# 식물무늬 인테리어의 매력

예전에는 커튼을 달 때도 '꽃무늬보다 아무 무늬 없는 것이 낫다.'고 생각했지만, 영국으로 옮겨가 정원 가꾸기에 빠지면서 생각이 달라졌습니다. 정원을 사랑하는 영국인의 집에 가보면 대부분 실내 인테리어도 식물무늬로 해두고, 정원과 방의 분위기가 이어지게 하는 방법을 고심한 흔적들이 보여요. 거기에는 자연에 대한 경의와 친밀감, 미의식이 담겨 있어 꽃무늬 방이라 해도 멋모르는 소녀 취향과는 전혀 다른 차원이 있음을 배울 수 있었습니다.

이렇듯 시사점이 많은 식물무늬 인테리어에 끌리게 된 저의 지금 서재가 옆의 사진에 나와 있습니다. 벌 무늬 벽지는 영국의 '패로 앤드 볼'사, 실크 소재에 시계꽃 무늬를 수놓은 커튼은 '롤카(rolca)'사의 제품. 저로서는 모처럼 사치를 부린 것인데, 적당한 제품으로 타협하고 싶지 않아서 5년간 '커튼 적금'을 부어 결국 산 것입니다(웃음). 액자에 넣은 그림은 제가 직접 그린 것들로, 꽃 그림을 메인으로 해서 장식했습니다.

제 일 자체가 식물을 다루는 일이기도 하고, 정원에 살아있는 생명들과 연결되어 있다는 느낌을 주는 서재의 인테리어는 저에게 마치 행운의 부적 같은 존재입니다.

금색을 기본 색으로 해 어른스러운 중후함이 감도는 요시야 씨의 서재. 시계꽃 무늬 커튼을
선택한 이유 중 하나는 자신이 그린 시계꽃 그림과 어울리는 인테리어를 위해서라고.

서양에서는 흔하게 볼 수 있
는 그림 접시를 벽에 걸어서
장식 효과를 냈다. 홈센터에
서 전용 고리를 발견한 후
주방에 시도해보았단다. 한
번씩 다른 접시로 바꿔 거는
재미도 쏠쏠하다.

계단 옆 벽에 걸어둔 커다란
패널은 식물무늬 천에 스팽
글을 달고 자수를 놓아 꾸민
것이다. 관엽식물과 시너지
효과를 내어 공간을 더욱 통
일감 있게 만들어준다.

전직 미술 디자이너답게, 거
실에 걸어둔 꽃 그림도 직접
그린 것이다. 네덜란드풍 그
림을 연상하게 하는 검은 액
자틀이 그림의 아름다움을
더욱 선명히 드러낸다.

영국에서 살 때부터 수집해
지금도 해외에 나갈 때마다
사 모으고 있는 그림 접시
들. 식물이나 곤충 등 정원
과 관계된 디자인을 보면 자
기도 모르게 손이 간다고.

# 정원도 내 몸도, 가장 예뻐 보이는 색깔을 입는다

영국에 있을 때, 한 여성에게서 "그쪽은 좀 더 꽃과 친해질 수 있는 색깔 옷을 입는 편이 좋아요."라는 말을 들은 적이 있습니다. 당시 저는 검정이나 네이비블루를 좋아해서, 어두운 색 옷만 주구장창 입고 다녔습니다. 그런데 아무리 아름다운 정원을 만들겠다고 애를 쓰더라도 자기 자신이 정원의 풍경에 잘못 묻은 얼룩 같은 존재가 된다면 아무런 의미가 없는 것입니다. 거기다 저는 아시아인이라 머리는 까맣고 피부도 황토 빛인데, 그 위에 걸치는 옷까지 죄다 검정 일색이니……. 그 여성분이 말한 "꽃과 친해질 수 있는 색깔"이란 표현 자체도 참 멋진데, 정말로 그 말이 맞구나 하고 무릎을 치며 감탄했습니다. 그러고 보니 영국의 여성 정원사들도 거의 흰색 셔츠에 크림색 팬츠 등 하나같이 정원 풍경에 어울리는 밝은 색 옷을 입는다는 사실이 비로소 눈에 들어왔습니다.

그 이후, 정원에 있을 때나 여행을 갈 때 가급적 흰색이나 색감이 느껴지는 옷을 입으려 하고 있습니다. 그러면 외국의 정원을 견학할 때 처음 보는 분에게서 "예쁘시네요."라는 말을 듣게 되는 일도 생기고, 레스토랑이나 호텔에서도 어두운 옷을 입고 있을 때보다 서비스를 훨씬 잘 받게 되는 것 같아요. 모처럼의 기회인 만큼, 자신을 예뻐 보이게 하는 색깔 옷을 입는 것이 마땅하다고 생각합니다.

외국 정원을 견학하러 갈 때는, 밝은 색의 긴 셔츠나 튜닉 상의에 흰 팬츠를 입는 것이 보통이다. 사진에서 제일 앞에 보이는 그린 블라우스는 요시야 씨가 디자이너로 일했던 패션 브랜드 '셰이드(Shade)'의 인기 상품.

# 그 순간의 아름다움을 남기자

저는 정원도, 꽃도, 저 자신의 모습도, 사진으로 부지런히 남겨둡니다. 꽃이 예쁘게 피었을 때, 화장이 잘 되었을 때도 사진으로 찍어두면 언제든 쓸데가 있는 것은 물론, 그 사진을 보면서 시간은 한순간도 멈추지 않으며 같은 모습은 두 번 다시 볼 수 없다는 사실을 배울 수 있습니다. 정원은 꽃이 피어서 지기까지 단 일주일 사이에 풍경이 전혀 달라집니다. 저 자신만 보아도 나이가 들면서 피부도 체형도 2~3년 단위로 점점 변해갑니다. 지금 모습을 사진으로 남겨두면 나중에 분명히 소중한 기록이 될 거예요.

외국에 나갔을 때 같은 장소에서 마주친 관광객 중에 색상 코디나 옷맵시가 좋은 사람이 있으면 적극적으로 사진을 찍어둡니다. 어떤 색깔이 정원에 어울릴지 살펴보기에 좋은 샘플이기도 하고, 나도 남들에게 이런 인상을 주는 색깔을 입어야겠다는 자극이 되기도 합니다. "너무 예뻐셔서 그런데 사진 좀 찍어도 될까요?" 하고 부탁하면 보통은 기분 좋게 응해줍니다.

여행을 다닐 때는 꼭 카메라를 세 대 챙겨 갑니다. 가벼운 휴대용, 핸디 타입, 그리고 제대로 된 일안 리플렉스 카메라 이렇게 말이지요. 예쁘게 찍은 사진은 엽서로 써도 좋답니다. 지금은 카메라도 인터넷으로 간단히 주문할 수 있으니까요.

여행 갈 때 카메라는 혹시 모를 고장에 대비해 반드시 세 대를 챙긴다. 참고로 여행지에서도 매일 새로 올리는 요시야 씨의 블로그 사진은 대부분 아이폰으로 찍은 것이라고.

외국 정원에서 찍은 사진은 앨범에 끼우거나 엽서로 활용한다. 10년도 더 전에 찍은 사진도, 보는 순간 여행 당시의 추억이 선명하게 되살아난다. 부담 없이 건넬 수 있다는 점도 엽서의 매력 중 하나.

# 요시야 케이코 씨가 직접 찍은

## "우리 집 정원의 사계절"

한여름의 옥상 파티 풍경. 찌는 듯이 더운 날도 해가 지는 저녁이면 바람이 불어와 시원해진다는 점이 옥상 정원의 매력이다. 테이블 세팅은 그때그때 피어있는 꽃의 색깔에 맞춰서 한다. 그렇지만 가구류는 검정, 유리잔류도 같은 계열로 맞추어 색의 가짓수가 많아지지 않게 한다.

초여름의 2층 베란다. 여기에 심
은 식물들은 꽃의 색깔이 다양하
기보다는 흰색이나 파란색 등 마
음을 차분하게 하는 색들이다.
실내에서도 매우 잘 보이는 만큼
빛을 반사하는 흰색 꽃은 밤에도
그 존재감을 뽐낸다.

5월의 옥상. 장미도 피기 시작해
일 년 중 가장 꽃이 예쁘게 피는
시기이다. 장미에 어울리는 여러
해살이풀이나 떨기나무류도 심
었다. 오른쪽 뒤편에 마치 연기
가 어린 듯한 꽃이 피는 스모크
트리, 사진 앞쪽으로는 오렌지색
인동덩굴이 보인다.

초가을. 노란색 해바라기(He-
lianthus Lemon Queen)는 개
화기가 길고 줄기가 위로 쑥쑥
자라는 여러해살이풀이다. 일부
러 제일 앞에 심어서 칸막이 역
할을 하게 했다. 꽃으로 친 울타
리 너머를 들여다보는 재미를 느
끼게 한다.

# 장미는 언제나 특별하다

장미를 싫어하는 여성은 아마 없겠지요. 저는 장미를 특히 잘 키우는 원예가는 아니지만, 그래도 장미는 역시 특별하다고 생각합니다. 왜 이렇게 특별한가 생각해보면 장미는 사람의 오감에 가까운 곳, 그러니까 코나 눈 높이에 피어난다는 점이 하나의 이유가 아닐까 싶어요.

장미가 있으면 곤충이 잘 꼬인다고들 하지만 우리 집 정원에는 농약을 뿌리지 않아요. 그 대신 바람이 잘 통하는 곳에서 장미를 키웁니다. 의외로 건조한 것에 강하고, 옆의 사진처럼 5월이면 꽃이 가득 피어납니다. 다만 큰 꽃봉오리는 금방 떨어지기 때문에 꽃이 피면 바로 잘라 실내에 꽂아두고 그 아름다움을 즐깁니다.

영국 근대 디자인의 아버지 윌리엄 모리스가 19세기에 남긴 말 중에서, 제가 가장 좋아하는 말이 "인류에게 가장 중요하며 가장 추구할 만한 예술은 무엇인가? 바로 아름다운 집이다. 그리고 그 아름다운 집은 정원을 꾸미지 않고서는 얻을 수 없다."랍니다. 모리스가 이러한 말을 했을 때, 그가 꿈꾸었던 '아름다운 집'은 장미에 둘러싸인 집은 아니었을까요? 흐드러지게 피어난 장미를 볼 때마다 문득 그런 상상을 하게 됩니다.

두 장의 사진은 모두 요시야 씨가 촬영한 것으로, 정원에 핀 5월의 장미들. 위의 사진은 옥상 위에 핀 영국 장미 '더 제너러스 가드너(The Generous Gardener)'. 아래는 현관 옆 검정 울타리에 어우러진 베이지색 덩굴장미 '버터스카치(Butterscotch)'. 둘 다 바람이 잘 통하는 곳에 심는 것이 좋다.

02.    Gardening    Keiko Yoshiya

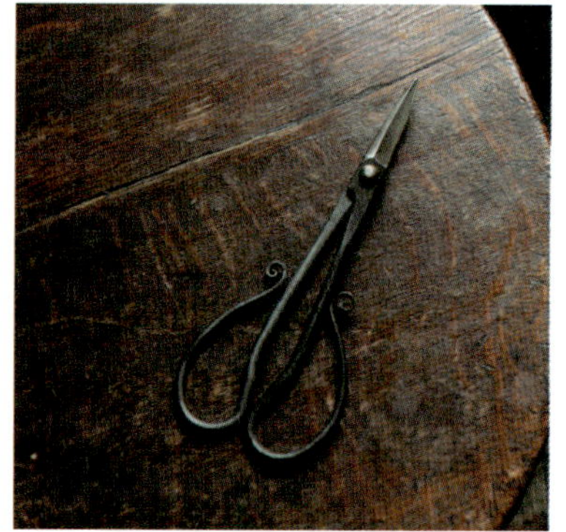

티켓이나 엽서 등 해외여행에서 디자인이 마음에 들어 사온 종이류는 사진과 함께 앨범에 스크랩해 둔다. 여행에서의 추억이 가득 담긴 이 한 권의 책은 나중에 아들에게 물려줄 생각이다.

직접 디자인하고 니가타의 장인에게 부탁해서 만든 전정가위. 원래는 '킨보시(KINBOSHI)'라는 원예용품 브랜드사에서 10여 년 전에 만들어서 판매했던 것이다. 딱 원하던 형태의 도구인 만큼 소중하게 쓰고 있다.

향기가 마음에 위안을 주는 효과는 매우 크다. 자
신의 브랜드 '셰이드'에서 만든 방향제(사진 오른
쪽)를 시작으로, 몸에 뿌리는 향수도 식물을 직접
적으로 느낄 수 있는 향이 좋다.

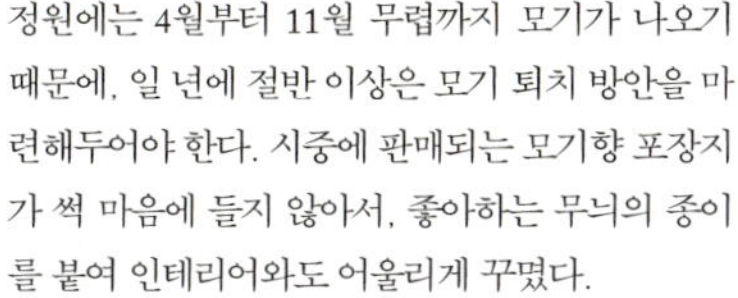

정원에는 4월부터 11월 무렵까지 모기가 나오기
때문에. 일 년에 절반 이상은 모기 퇴치 방안을 마
련해두어야 한다. 시중에 판매되는 모기향 포장지
가 썩 마음에 들지 않아서, 좋아하는 무늬의 종이
를 붙여 인테리어와도 어울리게 꾸몄다.

영국에서 그림에 대한 고전기법도 공부한 적이 있
다. 거실에 걸어둔 작은 액자 속 그림은 직접 그
린 과일 정물화. 네덜란드풍 그림인 만큼 그에 맞
춰서 네덜란드 양식 액자를 주문 제작해 끼웠다.

Fashion

니
시
무
라

레
이
코

Reiko Nishimura

---

일상에서 마주친 멋진 여성의 모습을 자연스러운 선과 색채의 일러스트
로 재현하고 코멘트나 에세이를 덧붙인다. 40년 이상 한결같은 작품 스
타일에 본인도 독자도 전혀 질리지 않는 것은, 멋에 대한 그녀의 호기심
에 여전히 소녀 같은 생기가 돌기 때문일 것이다. 그리고 "아무리 나이가
들어도, 멋을 추구하는 것은 언제나 즐겁다."라고 순수하게 느낄 수 있
기 때문일 터.

*〈ジュニアそれいゆ〉. 1954년 7월부터 1960년 10월까지 간행되었던 일본의 청소년 잡지. 패션과 인테리어를 기본으로 소설, 그림동화, 수공예, 미용 등 다양한 주제를 다루었다.

제 주변에는 멋을 추구하는 것 자체를 젊었을 때와 마찬가지로 여전히 즐기고 있는 동년배 혹은 연상의 멋진 여성들이 많이 있습니다. 어려 보이려 하는 것이 아닌 '여성의 성숙미'를 보게 될 때 저 자신도 자극을 받습니다.

저는 어렸을 때부터 멋에 대해 정말 관심이 많았습니다. 저의 첫 패션 교과서는 〈주니어 해바라기〉* 잡지였어요. 고등학교에 입학한 뒤 사귀게 된 친구가 아주 멋쟁이여서, 둘이서 우메다의 한큐백화점에 있는 맞춤 제작 옷 가게에 들락거리며 견본으로 놓여있던 미국의 청소년 잡지 〈세븐틴〉을 자주 보곤 했습니다. 그렇지만 옷을 맞추는 것은 제게 과분한 사치여서 불가능했고, 대신 직접 천을 사다가 그 잡지에 실린 원피스와 비슷하게 만들어 입었습니다.

그 뒤에야 물론 〈앙앙〉이 창간되자 정신없이 빠져들었고, 화제가 된 브랜드 가게가 들어왔다는 소식만 들으면 바로 달려가는 등 항상 시대의 유행에 도전하고 또 실패도 하며 '유행 좋아하는 철부지 소녀'로 살아왔습니다. 제 딸에게도 어렸을 때부터 옷과 신발 코디나 색을 맞추는 방법을 알려주곤 하면서 패션을 좋아하는 여성으로 키웠습니다. 지금은 제가 딸에게서 유행하는 스타일이나 브랜드에 대해 배우면서 쇼핑도 함께 다닙니다.

원래부터 새로운 것을 좋아하는 성격에다, 그러한 딸도 있고 하다 보니 멋진 것을 보면 심장이 뛰고 정신을 차리지 못하는 것은 지금도 여전합니다. 나이가 들수록 멋을 내기가 어렵다는 것은 누구라도 겪게 되는 고충일 텐데, 저 자신도 예순다섯을 넘긴 무렵부터는 계속 그 문제로 씨름하고 있습니다. 그렇지만 마음에 드는 브랜드의 옷을 입었다는 것 자체로 그저 만족했던 젊은 시절보다, 저만의 개성이나 나이, 라이프스타일에 맞는 옷을 입게 되고 그 위에서 멋을 생각하게 된 지금은 또 지금대로의 재미가 있다고 생각합니다.

50대를 넘어가며 체형도 변하고, 예전에 입던 옷들이 더 이상 어울리지 않게 되었을 때 "뭐, 됐어." 하고 포기해버리면 그냥 그대로 아줌마가 되어버립니다. 그렇게는 결코 되고 싶지도 않고, 아무래도 멋을 너무 사랑하는 저로서는 계속해서 그 시기, 그 나이에 맞는 패션을 찾는 일의 즐거움과 고충을 함께 느껴가고 싶다는 생각을 합니다.

긴 목걸이를 걸어주면
금상첨화.

품이 넉넉한 검정 코트에 검정 팬츠.
거기에 여성스러운 느낌의 셔츠를
매치했어요

## '기본 옷'은 꼭 필요할까?

"자주 입는 기본 옷은 뭐예요?"라는 질문을 받으면 매번 제대로 대답하질 못합니다. 그때그때 가장 핫한 것을 좋아하는 성격이라 "이 옷만 있으면 언제나 문제없다!"라는 결론을 이끌어내겠다는 생각부터가 없습니다.

셔츠를 좋아해서 항상 찾게 되긴 하지만, '마음에 드는' 정도의 옷들은 있어도 '기본'이라고 할 만한 것은 역시 어렵네요. 전통 있는 브랜드의 옷이 좋다고 하기에는 해외에서 만든 것은 제 체형에 잘 안 맞기도 하고, 저렴한 것들 중에도 의외로 품질이 괜찮아 한 철 입기에 충분한 것들도 있으니까요.

시대의 트렌드와 제 자신의 기분도 항상 변하기에, 기본이라 할 만한 궁극의 옷을 발견했다 하더라도 다양한 코디를 시도해보고 싶습니다. 지금은 '이것만 입으면 항상 멋쟁이'가 되는 시대가 아니라, 아무리 유행하는 옷이라도 어떻게 매치하느냐가 정말 중요한 시대입니다. 그 점에 늘 신경을 써서 감각을 잃지 않으려 했기에 멋에 대한 의욕도 지켜올 수 있었던 만큼, '기본 옷'이 없는 것도 은근히 재미있다고 생각해요.

니시무라 씨가 올해 유니클로에서 구입한 리넨 소재의 흰 셔츠. 딸과 함께
가서 똑같은 셔츠를 색깔만 다르게 하나씩 샀다고. 질샌더(Jil Sander)와
의 콜라보레이션 이후로 유니클로에 주목하게 되어, 한 번씩 들러본단다.

# 라이프스타일에 맞는 옷을 입고 싶다

버블경제였던 30~40대쯤에는 저도 계속 고급 브랜드 옷을 사는 데 돈을 썼습니다. 당시에는 예순을 넘은 여성의 멋에 대해 고급 옷을 차려입고 신발과 가방도 평생 아이템이라 할 만한 것을 엄선해서 가지고 있는 식의 이미지를 머릿속에 그리면서, 저 자신도 언젠가 그렇게 사는 모습을 꿈꾸고 있었습니다.

그러나 실제 그 나이가 된 지금의 제가 입는 옷은 그때 당시의 이미지와는 정반대라고 해도 과언이 아닐 만큼 캐주얼한 옷입니다. 버블경제가 붕괴된 후 해를 거듭할수록 고급 지향이 유행에서 멀어지며 캐주얼한 멋이 주류가 된 것 또한 한몫했지요. 그렇지만 그와 더불어 옷은 라이프스타일의 일부라는 사실을 깨닫게 된 점도, 브랜드만을 쫓아다니지 않게 된 이유 중 하나였답니다.

오래된 역사와 분명한 세계관을 담고 있는 고급 브랜드 옷은 그것을 살 돈만 있으면 입을 수 있는 것이 아닙니다. 그 옷을 살 만한 돈이 있어도 그에 어울리는 생활을 하고 있지 않다면, 그 옷이 가진 본래의 매력을 충분히 살려서 입을 수가 없습니다. 옷을 넉넉하게 걸어둘 만큼 충분한 크기의 옷장이 있고 신발도 꼼꼼히 손질해가며 오래 신는 편이라든가 하는 성향이나 시간, 공간의 여유가 있는 생활을 하고 있어야 어울리는 옷인 것이지요. 그것을 자연스럽게 깨달으면서 단순히 쉽게쉽게 브랜드 옷을 사지는 않게 된 부분도 있습니다.

물론 그러한 옷에 어울리는 여성이 되고 싶다는 각오로 라이프스타일 자체를 바꾸는 것도 하나의 선택이 될 수 있겠지요. 좋은 것을 조금씩 소유해서 그것을 소중히 다루어가는 것이야 궁극적으로 꿈꾸는 생활이긴 합니다만, 현실적인 문제들로 그러한 경지에 이르기가 쉽지 않다는 것이 문제네요(웃음).

몇십 년 전에 비싼 돈을 들여 샀던, 고급 재질에 지금도 충분히 예쁜 옷들은 누구라도 나이를 먹어가며 얼마씩은 갖고 있기 마련입니다. 저에게도 잔뜩 있는데, 지금 딸이 눈독을 들이며 입고 나가거나 하는 걸 보면 역시 그 당시에 좋은 것을 샀구나 싶어 흐뭇해집니다. 그렇지만 그 당시의 느낌과 지금과의 시대 차이는 어쩔 수 없이 드러납니다. 젊을 때야 오히려 그것을 재미있게 활용해 멋을 낼 수도 있겠지만, 나이 든 사람이 과거의 옷을 몸에 감고 있으면 아무래도 시대에 뒤떨어진 인상을 주고 맙니다. 그러니 저는 그러한 옷보다 가격은 몇분의 일 정도로 낮더라도, 지금 시대에 어울리는 느낌을 줄 수 있는 옷을 입는 편이 더 좋다고 생각해요.

지금은 온통 캐주얼한 스타일뿐이라는 니시무라 씨가 이날 입었던 옷
은 영국 스포츠 브랜드 '짐플렉스(GYMPHLEX)'의 폴로셔츠와 '리제
트(Lisette)'의 리본 스커트. 여기에 스포티한 벨트로 포인트를 주었다.

## 굽 없이 단정한 구두 예찬

언제나 고민거리를 안겨주는 것이 구두입니다. 40대까지는 쭉 뻗은 힐도 잘 신고 다녔습니다. 그 무렵에 정장처럼 딱 떨어지는 패션이 유행이기도 했고, 멋을 위해서라면 어느 정도 아픈 것은 참을 수 있다고 생각했었지요.

그렇지만 50대를 넘은 즈음부터, 엄지발가락 뼈 부근이 아파서 도저히 힐을 신을 수 없게 되었습니다. 그렇다고 편한 신발만 신자니 위기감이 몰려들었을 때, '구찌(Gucci)'에서 나온 비트 로퍼(bit loafer)가 크게 유행했습니다. '힐이 아니어도 단정한 인상을 주는 신발'이 등장했다는 사실이 기뻐서 엄청 사들였지요. 중간에 신고 다니지 않았던 시기도 있었지만, 최근 다시 인기를 얻고 있다고 해서 저도 다시 신는 빈도가 늘었습니다.

격식을 차려야 하는 장소나 음식점에 갈 때도, 이 '구찌'나 '꼼데가르송(COMME des GARÇONS)'의 굽 없는 구두를 자주 신습니다. 가죽 재질이라 옷도 단정히 입으면 실례가 되는 일은 없고, 옛날만큼 "공적인 자리에는 무조건 힐"이라는 분위기도 많이 사라진 것 같아요. 그래서 더더욱 '신었을 때 발이 편하고 단정한 인상을 주면서 굽이 없는 구두'의 종류가 많아져 선택지가 늘어났으면 좋겠다는 생각을 늘 합니다.

위 - 나이 든 사람이 신을 수 있는 로퍼에 감동한 니시무라 씨가 여러 켤레 사들인 '구찌'의 구두.
아래 - 끈 달린 갈색 구두는 '트리커즈(Tricker's)', 그 앞에 흰 구두 두 켤레는 '꼼데가르송'. 안정감이 있는 형태는 지금 자신의 발에도 요즘 트렌드와도 잘 맞는다고.

## 색깔의 멋에 대해서

색깔이 주는 멋과 나이와의 관계에 대해서는 사람마다 의견이 나뉩니다. "나이가 들면 밝은 색을 입는 편이 좋다."고 이야기하는 사람도 있지만 저 자신은 사실 밝은 색 옷에는 거부감이 드는 편입니다. 가끔 사기도 하지만, 아무래도 차분해 보이지 않아서 결국에는 종종 옷장에 처박히는 신세가 됩니다.

그러나 색이라는 것이 원래 밝은 색은 화려하고 어두운 색은 수수하다, 같이 단순하게 나눌 것이 아닙니다. 밝은 색이라도 미묘한 차이로 어른스럽게 어울리는 경우도 있으니까요. 그렇지만 찾아내기가 쉽지 않으니, 요즘은 시크한 옷 색깔에 액세서리나 가방으로 밝은 색을 연출하는 스타일이 많지요. 작은 면적이라면 비비드한 컬러를 몸에 둘러도 그다지 거부감이 들지 않고, 어두운 색을 배경으로 하는 만큼 다른 색깔의 존재감도 좀 더 두드러집니다.

나이가 들어 색을 고를 때 중요한 것은 입는 본인도 보는 사람도 차분함을 느낄 수 있는 밸런스입니다. 물론 그 사람의 개성에 맞춰 자신 있게 입는다면, 그것은 그대로 매력적이라 생각합니다. 특히 외국의 여성들을 보면 그런 분들을 많이 볼 수 있지요.

마치 잉크 같은 느낌의 블루 혹은 인디고 블루. 산뜻한 삭스블루(Sax Blue)……. 차지하는 면적이 넓은 원피스나 겉옷류는 이렇듯 '입으면 차분해지는' 블루 계열로 고르게 된다.

반대로 면적이 작은 액세서리는 눈에 확 들어오는 색으로 디자인에도 포인트가 하나씩 있는 것을 선택한다. 가운데에 있는 가죽 목걸이는 팔목에 감아 뱅글로 활용해도 괜찮은 아이템.

파란 셔츠는 어떤 색에도
잘 어울려서 입기 편해요.
더 좋은 건 훨씬
젊어보이기까지
한다는 것!

스카프로 색에
포인트를.

색깔이 예쁜 가방은
코디에 포인트로
삼기 좋아요.

느낌이 있는
예쁜 색깔 재킷에,
분위기를 차분하게 해주는
색깔의 스커트를 매치.

같은 계열 색깔로
맞춰 입으면
훌륭한 차림이 돼요.

마무리는
클러치 백으로.

오래전에 시스티나
예배당에서 마주쳤던
이탈리아인(?) 가족.
모두 회색 계열로
맞춰 입어서 멋졌어요.

# '나이 들어 보이지 않는' 소재를 고른다

예전에 뉴욕에서 스쳐지나간 노부부가 두 분 모두 '랄프 로렌(Ralph Lauren)' 같은 분위기의 전통 신사복(트래드) 차림이어서 멋지다고 느꼈던 적이 있습니다. 남자든 여자든 나이를 먹으면 아무리 애를 써도 신체의 실루엣이나 자세에 힘이 빠지기 마련이므로, 어느 정도 각이 잡히는 소재나 실루엣의 옷을 고르는 것이 좋다는 것을 그 두 분을 보면서 깨달았습니다.

나이 든 사람들을 위한 옷이라 하면 어쩐지 하늘하늘하고 부드러운 소재의 이미지가 그려지지만, 신체도 그런데 옷도 힘없이 늘어지는 느낌이라면 실제보다 훨씬 나이 들어 보일 수 있습니다. 셔츠나 원피스가 부드러운 소재라면, 딱 떨어지는 소재감의 재킷을 걸친다든지 어딘가 한 군데는 긴장감이 느껴지는 아이템을 갖추는 것이 젊어 보이는 인상을 지키는 비결이 될 수 있어요.

저는 원래 '빳빳한' 소재감을 좋아해서 리넨이나 코튼 소재의 옷이 많은데, 그러한 소재 가운데 품질이 괜찮고 살에 닿는 감촉이 좋은지, 입었을 때 무겁지 않고 스트레스가 덜한지를 중요하게 살펴보면서 옷을 고릅니다.

얇은 소재의 셔츠에는 재킷을 걸친다. 울 소재의 코트는 '질샌더'. 리넨 셔츠는 '에르메스(Hermès)'. 둘 다 꽤 오래전에 산 것이지만, 유행을 타지 않는 기본적인 디자인과 색깔이 마음에 든단다.

JIL SANDER
HERMÈS-PAR
MADE IN FRANCE

## 브랜드 옷을 어울리게 입으려면

돌이켜보면, '여기 옷은 전부 갖고 싶어!'라는 생각을 했을 정도로 좋아했던 브랜드들이 시기별로 계속 있었습니다. 1980년대에는 '소니아 리키엘(Sonia Rykiel)', '조르지오 아르마니(Giorgio Armani)', '레키프 요시에 이나바(L'EQUIPE YOSHIE INABA)'의 초기 제품들도 좋았고, 최근에 '마르니(Marni)'에 한창 빠졌던 시기도 있었습니다.

그렇지만 브랜드도 저도 계속해서 변해가는 만큼, 아무리 심취해있어도 '좀 낯설다.' 싶어지는 때가 갑자기 찾아옵니다. 그러면 그 브랜드에서 멀어져, 다시 또 다른 브랜드와의 만남을 기다리지요. 이러한 주기를 계속 반복해왔습니다. 그중에서 꽤 오래 애정을 가졌던 것이 '질샌더'와 '에르메스', '꼼데가르송'입니다. 워낙 비싸서 별로 산 것은 없지만, 예전에 샀던 것이라도 이 브랜드의 옷들은 오래된 느낌 없이 계속 입을 수 있습니다. 그렇지만 전신을 브랜드 옷으로 감싸는 것은 요즘 트렌드에 전혀 맞지 않은 만큼, 유니클로나 무인양품에서 구입한 아이템을 '믹스매치'하기도 하지요.

솔직히 고백하면 이 두 극단의 중간쯤에 해당되는, 품질이 좋으며 가격이 적당하고 지금 제 나이나 감각에 잘 어울리는 브랜드가 나와주었으면 좋겠어요. 저와 같은 마음인 동시대 여성들도 아마 꽤 많을걸요.

5년쯤 전에 구입한 이후 매년 잘 입고 있는 '질샌더'의 트위드 코트. 이 브랜드가 처음 나왔을 무렵부터 거의
팬이 되다시피 한 니시무라 씨는 '평범한' 디자인과 좋은 소재를 쓴다는 점이 마음에 든다고.

같은 종류의 검정과 파랑 두 가지 색을
구입한 '앤드에이(And A)'의 가죽 토트
백. 부드러운 소재의 가죽을 그대로 재
단해 만든 디자인이 편하게 들고 다니
기에 적당하다. 괜찮은 가격에 사서 벌
써 3년째 잘 쓰고 있으니, 이만하면 착
한 아이템이다.

# 가방을 고를 때는 자유롭게

옛날에는 "가방과 신발 색깔을 서로 맞추는 것이 좋다." 같은 말을 듣곤 했지만, 지금은 이미 그런 시대가 아니지요. 패션 평론가도 방송에서 "가방 색깔은 어떤 것으로 하든 상관없다."는 말을 하기도 하고, 저 역시 그렇다고 생각합니다. 젊었을 때의 사고방식에 언제까지나 매여있기보다 새로운 흐름에 맞춰 시야를 넓히는 편이 멋을 즐기는 방법일 거에요.

저는 베이직한 색깔의 옷이 많아서, 액세서리나 가방을 코디의 포인트로 자주 활용합니다. 요 근래 몇 년간 일상적으로 잘 들고 다닌 가죽 토트백은, 처음에는 편하게 들고 다니기 좋을 것 같아 검정으로 샀는데, 딸이 마음에 들었는지 자신도 같은 것을 사고 싶다는 말을 꺼냈지요. 당장 그 가방을 샀던 가게에 가봤더니 같은 종류에 색깔만 산뜻한 파랑으로 다른 가방이 눈에 띄었습니다. 가격도 15,000엔 정도로 적당해서, 큰마음 먹고 샀더니 이것이 '대박'이었던 겁니다. 심플한 옷을 입었을 때 이 색깔의 토트백을 들고 나가면 패션에 포인트가 되어 매우 편하답니다.

가방을 살 때는 항상 이렇게 바로 직감으로 결정합니다. 마음에 드는 브랜드 제품을 살 때도 많은데, 한동안 빠져있었던 '마르니'에서도 가방을 몇 개쯤 구입했습니다. 이 브랜드는 옷이든 소품이든 색깔에 미묘한 표정이 있어 마음에 듭니다. 가죽 가방만 보아도 그저 갈색이 아니라 엷은 회색이 섞여 단순히 어떤 색이라고 꼬집어 말할 수 없는 중간색이거든요. 저는 여행이나 출장을 갈 일이 많고 짐을 꽤 꼼꼼하게 싸는 편인데, 가령 오사카에서 이틀을 묵는 출장이라면 이 '마르니' 가죽 가방 하나로 충분합니다. 또 주머니 모양의 프린트 백도 '마르니' 제품인데, 어른스러우면서도 귀여운 느낌이 마음에 들어 몇 년째 애용하고 있습니다.

그 외에도 '조르지오 아르마니'에서 출시했던 수공예품 같은 느낌의 가방이라든지 '프라다(Prada)'의 스포티한 숄더백처럼 일상의 베이직한 디자인이 장점인 브랜드에서 '살짝 모험으로 만들어본' 제품 같이 어딘가 재미있는 느낌을 주는 것들에도 무심코 손이 가고 맙니다.

고급 브랜드뿐만 아니라 캐주얼한 상점에서도 조금 더 가벼운 마음으로 쇼핑을 하곤 합니다. 혼자서 신주쿠의 루미네(LUMINE) 백화점이나 젊은 층이 많이 가는 상점에 한 번씩 가서, 그곳을 돌아다니는 사람들이나 점원들의 차림을 보면서 "지금은 이런 옷이 유행이구나." 하고 패션을 체크해보는 일이 너무나 즐겁습니다.

'마르니'의 가죽 가방은 어디든 이틀 정도 출장 갈 일이 있을 때 유용하다.
느낌 있는 갈색은 '마르니'의 남성용 가방에도 잘 쓰인다고.



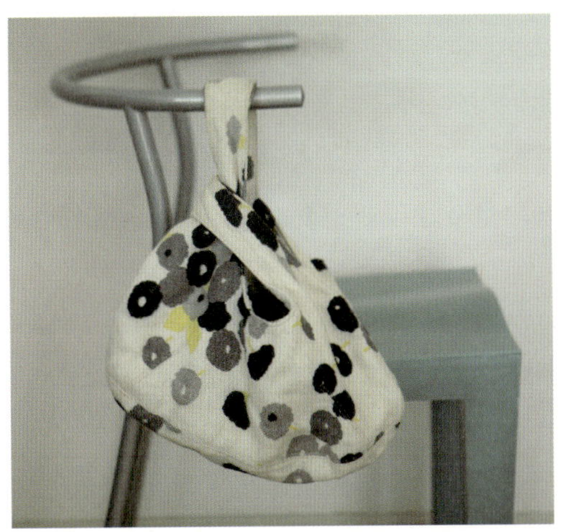

역시 '마르니'의 프린트 백. 묘한 컬러감의 직물이 이 가방의 매력이다.

무인양품에서 구입한 줄무늬 리넨 셔츠에 적당히 중후한 느낌을 주는 브로치를 달면 의외로 괜찮다. 리본 모티프의 브로치 2개는 '앙젤라 커밍스', 오른쪽에 있는 꽃 모티프의 라인스톤 브로치는 '미리암 하스켈 (MIRIAM HASKELL)' 제품.

옷의 디자인은 시간이 흐르며 낡아갈 수밖에 없지만, 액세서리는 더 오랜 세월 활용할 수 있습니다. 가족이나 지인에게 칭찬을 받을 일도 생기고, 살 때는 다소 비싸다 싶은 것도 마음에 들어 양껏 활용하고 나면 결과적으로는 본전을 뽑고도 남는 것이 됩니다.

액세서리 중에서도 저는 브로치가 정말 좋아요. 재킷이나 코트 깃 끝에 다는 구식 스타일 대신, 요즘에는 캐주얼한 셔츠 등에 달면 훨씬 재미있는 느낌이 됩니다. 옆 사진에 보이는 그로그램(grogram) 리본을 모티프로 한 실버 브로치는 '앙젤라 커밍스(Angela Cummings)' 제품. 꽤 오래전에 산 것인데, 심플한 리넨 셔츠의 깃 끝에 달거나 하면서 여전히 잘 쓰고 있습니다.

저는 '평범한 아이템을 살짝 평범하지 않게 입는' 것을 좋아하는데, 브로치는 그렇게 살짝 변화를 줄 때 활용하기 좋은 아이템입니다. 원피스나 코트 앞섶을 자연스럽게 모아서 브로치로 고정하면 어떨까? 같은 뭔가 재미있는 쓰임새를 이리저리 생각해보면서 다양한 시도를 하고 있어요.

# 여성스러운 옷일수록 시크함을 넣어서

몇 살이든 레이스나 꽃무늬 옷에 혹하는 것이 여성이란 생각을 합니다. 그렇지만 그렇게 '여성스러운' 요소가 있는 옷을 나이 든 사람이 입을 때는 주의해야 할 부분이 있습니다. 로맨틱한 분위기 그대로 입으면, 그다지 멋있어 보이지가 않아요. 저는 '조금 시크한' 요소가 들어가도록 신경 써서 입습니다.

언젠가 한번 전철 안에서 레이스 달린 옷을 세련되고 쿨한 느낌으로 입은 여성을 보고, 저도 그런 식으로 입어보고 싶다는 생각을 했습니다. 어른스럽고 시크한 느낌의 레이스 옷을 팔 만한 곳이라……. 고민하다가 발걸음을 옮긴 곳은 '꼼데가르송'. 그 예감은 제대로 들어맞았고, 사진에 보이는 네이비블루 원피스를 발견했답니다. 저에게 '꼼데가르송'은 그런 존재예요. 디자이너 분도 동년배로 제가 주욱 좋아해온 브랜드인데, '평범하지만 평범하지 않은' 감각이 정말이지 딱 들어맞는 상품이 가득합니다.

꽃무늬 옷도 마찬가지로, 꽃무늬가 자잘하고 살랑살랑한 분위기의 옷은 나이 든 사람이 그대로 입기에는 지나치게 여성스러워요. 그보다는 커다란 꽃무늬에, 색깔도 강렬한 포인트가 있는 옷이 훨씬 멋지답니다. 또 전체 중에서 스커트만 꽃무늬 같은 식으로, 아이템은 하나에만 무늬가 있는 편이 좀 더 멋스럽다고 생각해요.

'너무 여성스럽기만 하지 않은 레이스 옷이 분명히 있을 것'이라
는 믿음이 보기 좋게 성공해 '꼼데가르송'에서 구입한 원피스. 그
러나 뉴욕에서 마돈나의 콘서트에 입고 갔더니 주변은 온통 티셔
츠를 입은 사람들뿐이라 엄청 튀었다는 일화가.

# 캐주얼한 옷도 멋스럽게

저는 일주일에 두 번씩 스포츠센터에 다닙니다. 가서 옷을 갈아입는 것도 번거롭다 보니 집에서 속에 수영복을 입고 가는데, 그 위에는 카고바지를 자주 입습니다. 풍성한 실루엣에 힙라인이 잘 드러나지 않고, 요즘 젊은 사람들처럼 허리보다 조금 아래로 걸치고 밑단을 돌돌 말아올려 입으면 간단하지만 멋스럽게 보인답니다.

카고바지를 사게 된 계기는 저의 버릇이자 취미인(웃음) 스트리트 패션 구경 중에 본 한 엄마와 아들 때문이었습니다. 잘생긴 아들 옆에 아마도 중년에 접어들었을 어머니가 선명한 노란색 티셔츠에 카고바지를 캐주얼하게 입고 있었는데, 너무도 멋져 보였습니다. 그래서 저도 따라서 카고바지를 사봤더니 생각 외로 편한 거예요. 베스트도 이러한 아이템입니다. 최근에는 빳빳한 재질의 천만이 아니라 커트 앤드 소운(cut and sewn)이나 니트 같은 부드러운 소재로 만든 조끼도 종종 나오고 있지요. 그것을 몸에 딱 맞는 티셔츠 위에 걸쳐주면 몸의 굴곡도 자연스럽게 커버가 되면서 멋쟁이라는 인상도 줄 수 있어 정말 좋아요.

위 - 얇은 코튼 니트 소재의 조끼는 '마가렛 호웰(MARGARET HOWELL)' 제품. Gap에서 구입한 몸에 딱 붙는 티셔츠 위에 걸쳐 입는다.
아래 - 스포츠센터에 가는 날이면 보통은 거의 카고바지 차림. 편하게 입기 좋아서 비슷한 종류를 여러 벌 사두었다.

# 영화에서 얻은 팁들

옛날처럼 '영화가 멋의 교과서'였던 시대는 지나갔지만, 그래도 저는 영화를 좋아해서 부지런히 영화관을 다니거나 DVD를 빌려서 챙겨 보곤 합니다. 보는 동안에는 스토리에 집중해서 보지만, 다 보고 나서 '그 장면에서 여배우가 입고 있었던 옷의 색깔 매치가 진짜 괜찮았는데.' 하고 돌이켜보는 경우가 종종 있습니다.

제가 좋아하는 영화감독은 프랑스의 에릭 로메르 감독, 독일의 미카엘 하네케(Michael Haneke) 감독입니다. 하네케 감독의 작품 〈히든(Caché)〉(2005)에 나왔던 줄리엣 비노쉬(Juliette Binoche)가 너무나 멋졌던 기억이 납니다. 화이트칼라의 평상복이 정말 잘 표현되어서 매우 친숙하기도 했고요.

〈아이 엠 러브(Io sono l'amore)〉(2009)라는 영화도 인상 깊게 남아있습니다. 질샌더에서 의상을 담당했는데, 아름다운 패션을 잘 표현한 것은 물론 그것을 입고 나오는 여배우 틸다 스윈튼(Tilda Swinton)의 정말 멋진 분위기에 완전히 압도되었습니다. 영화 속 패션을 그대로 따라 하기는 어려워도, 예쁘다 싶은 색깔 매치를 보고 나중에 조금씩 시도해보게 되는 것은 자연스러운 반응일지도 모르겠네요.

영화 〈케빈에 대하여(We Need to Talk About Kevin)〉(2011).
다 보고 난 뒷맛이 좋지 않아 그다지 마음에 드는 영화는
아니었지만 주연인 틸다 스윈튼의 패션은 정말 훌륭했어요.

슈퍼에서.

이런 옷이 어울리는 것도
다 틸다 스윈튼이라서의
이야기.

면접 보러 갈 때의
옷차림.

유모차를 밀면서.

# 수공예로 자투리 천을 되살린다

몇 년 전부터 천과 실을 마음대로 이어 꿰매서 수공예를 완성하는 핸드메이드의 즐거움에 푹 빠져있습니다. 교실에서 학생들을 가르치다 보면, 갖고 싶은 것들을 집에서 직접 만들면 돈도 따로 들지 않아 "액세서리를 밖에서 안 산 지 꽤 됐어요." 같은 이야기들도 듣곤 합니다.

중학생 무렵부터 했던 바느질은 패턴을 본뜬 다음 책의 설명을 보면서 그대로 따라 한 것이었는데, 지금 하고 있는 바느질과는 전혀 다른 것입니다. 지금은 전부 제 자신이 생각하고 그대로 손을 움직여 저만의 자유로운 수공예품을 만들거든요. 잘하고 못하고를 떠나서, 하고 있으면 즐거운지를 가장 중요하게 따지는 만큼 하나를 완성하고 나면 금방 또 만들고 싶어집니다.

예전에 잘 입었던 고급 브랜드의 옷들도 디자인이 너무 구식이라 더 이상 입을 수 없겠다 싶어지면 조각조각 천으로 잘라둡니다. 그것을 패치워크해서 퀼트로 활용하거나 액세서리로 만들어 재활용하면, 애착이 가서 차마 버리지 못했던 옷을 계속 곁에 둘 새로운 방법 하나를 찾게 되는 것입니다. 저는 요즘 외출했다가 괜찮은 삼실을 발견하면 나중에 수공예에 써먹자 싶어 일단 사는 습관이 생겼답니다.

오른쪽은 바늘과 삼실을 이용해 마음대로 매듭을 지어가며 만든 목걸이. 왼쪽에 보이는 것은 천을 작게 접어서 풀리지 않게 꿰매둔 것들을 실로 연결해 만든 목걸이. 비슷비슷한 분위기를 내지만 알고 보면 전부 다른 천이라는 점이 포인트.

03.　　　　Fashion　　　　Reiko Nishimura

우리 집 애완동물 부리. 원래는 아들 집에서 키우던 고양이였는데, 집을 비우게 되어 잠시 맡았다가 결국 그대로 우리 집에서 키우게 되었다. 소파의 등받이 위를 차지하고 있길 좋아하는 녀석의 등에는 예쁜 줄무늬가 있다.

교실의 학생들에게서 받아온 남성용 셔츠의 자투리 천들. 적당한 크기로 잘라서 모아두고 일이나 정리정돈을 하는 틈틈이, 무언가 만들고 싶은 마음이 들 때 꺼내서 바느질하는 것이 즐겁다.

해외의 거리 사진을 모아둔 사진집 《사토리얼리스트(The Sartorialist)》. 젊은 사람들 틈바구니에서 멋쟁이 중년이나 노년 여성들도 찍혀있어 보면 재미있다. 코디에 참고가 되어서, 일러스트 자료로도 활용하고 있다.

니스 해변을 비롯해 여행지에서 주워온 조약돌을 '카트린 메미(CATHERINE MEMMI)'사의 흰 그릇에 담아 인테리어로 활용한다. 이러한 것을 아이폰으로 찍어서 인스타그램에 올리는 것이 요즘 일과 중 하나.

흰색과 파랑, 유리그릇으로 산뜻하게 정리한 선반 위의 모습. 인스타그램을 시작하고부터는 '오늘은 어떤 사진을 찍어볼까?' 하는 생각으로 아침부터 심장이 뛴다. 집 안의 익숙한 풍경도 신선한 피사체가 되는 경험을 하고 있는 중.

# 미용

Beauty

# Chapter 04.

# Beauty

요시카와 치아키

Chiaki Yoshikawa

원래부터 미용에 관심이 많다가, 30대에 접어들어 에스테티션(aesthetician) & 아로마테라피스트 국제자격을 취득했다. 지금까지 여러 살롱과 스파, 여성을 위한 치료실 등을 운영해왔다. 상담을 통해 노화에 대한 여성들의 고민을 수없이 접해왔고, 그 자신도 갱년기를 경험하고 극복한 그녀의 말 속에서 '아름답게 나이 들어가기 위해서는 자연의 힘이 필요'하다는 강한 신념이 묻어나온다.

젊은 여성을 보는 미의 기준은 타고난 외모를 따지는 면이 있지만, 나이를 먹을수록 '얼마나 관리를 잘했는지'가 관건이 됩니다. 목제 가구나 가죽 가방을 좋은 크림으로 정성스레 닦으며 손질해주면 새것보다 훨씬 세월의 깊이가 느껴지는 윤기가 도는 것처럼, 여성의 피부도 지금부터 어떤 화장품을 써서 얼마나 관리를 해주느냐에 따라서 인생 후반의 아름다움이 결정된다고 저는 믿고 있습니다.

어렸을 때부터 화장품을 정말 좋아했던 저는, 일찍이 유명 화장품 회사의 제품을 이것저것 써보는 시기를 보냈습니다. 그러다 일로 정신없이 바빠진 30대 전반을 지나며 그전까지는 트러블 따위 전혀 없었던 피부가 엉망이 되더니, 어제까지 잘 쓰던 화장품이 갑자기 죄다 안 맞는 일이 생겼습니다. 그러한 위기를 극복하게 해준 것이 유기농 화장품이었어요. 그때를 계기로 저처럼 피부 트러블로 고생하는 여성들에게 유기농 화장품의 좋은 점을 꼭 알려주고 싶다는 마음으로 상담과 강연, 저작 등의 활동을 해왔습니다.

유기농 화장품에 대해서는 '지구에도, 피부에도 순하고 좋은 것'이라는 인식이 있지만 '효과가 천천히 나타나 즉효를 보기는 어렵다.'고 생각하는 사람들이 아직 많은 듯합니다. 그러나 그것은 안타까운 오해입니다. 일단 뿌리를 내리면 그 자리에서 움직이지 않는 식물들은 자외선 등 혹독한 자연 환경에 그대로 노출되면서도 말라 죽지 않고 자신만의 힘으로 살아남는 강한 생명체입니다. 인간은 예로부터 한방을 시작으로 그러한 식물의 힘을 빌려 살아왔지만, 식물을 직접 써서 제품을 만드는 것은 시간과 노력이 많이 들고 한 번에 많이 만들 수도 없는 만큼 가격이 높아져 버립니다. 그래서 식물과 비슷한 성분을 화학물질로 만들어 대량 생산하고 싸게 판매하는 것이 바로 오늘날의 일반 화장품입니다.

20~30대 때에는 그러한 화장품을 써도 문제가 없을지 모르지만, 40대를 넘어서 여성호르몬이 서서히 줄어들고 몸과 마음이 불안정해지면 아무래도 '진짜' 식물로 만든 (그것도 엄격한 심사 기준을 거친) '유기농' 제품으로 피부를 관리했으면 해요. 젊을 때와 똑같이 식사를 해도 위가 점점 약해지는 것과 마찬가지로, 나이 든 사람의 피부에는 양질의 화장품을 적당량 발라주는 것이 가장 부담도 적고 신체 리듬과도 맞는 것입니다.

쉰 셋이라고는 보이지 않을 정도로 투명하고 생기 있는 피부를 자랑하는 요시카와 씨. 피부 트러블로 고민하며 요시카와 씨에게 상담을 요청하는 여성들도 유기농 화장품을 몇 개월 쓰면 놀랄 정도로 깨끗한 피부로 돌아온다.

요시카와 씨가 추천하는 유기농 화장품 브랜드
의 오일들. 손에 들고 있는 것은 '나오베이(NAO-
BAY)'. 그 외에는 왼쪽부터 '피츠(PHYT'S)', '닐
스야드 레머디스(Neal's Yard Remedies)', '캐롤프
리스트(CAROL PRIEST)', '트릴로지(trilogy)'.

# 나이가 들수록 유기농 화장품을 쓰자



자연 화장품이라도 원료와 농법 등 갖가지 엄격한 심사 기준을 통과하지 못하면 '유기농'이라는 명칭을 붙일 수 없습니다. 들어가는 방부제와 유화제도 제한되어 있어서 자연히 사용 기간이 짧은데, 특히 젊은 사람들은 "너무 금방 상해버리는데 비싸긴 또 비싸다."라며 멀리하는 경향이 있습니다. 그렇지만 그것은 어쩔 수 없습니다. 오히려 그렇게 비싼 사치품인 만큼 나이 든 사람이 써야 하는 것이라 생각합니다.

다만 유기농 화장품은 아직까지 대중적이지 않아서, 처음에는 무엇을 써야 할지 잘 모를 수 있으니 일단은 제가 소개하는 것을 참고로 이것저것 시도해보라고 이야기할 수밖에 없습니다. 와인과 마찬가지로, 직접 써보면 차이도 알게 되고 자신의 취향도 알 수 있게 되는 것입니다. 그리고 일단 한 번 좋은 점을 느끼고 나면 더 이상 화학물질로 만든 화장품을 쓸 수 없을 거예요.

때때로 "그렇게 비싼 맛을 한 번 보고 나면 싼 것에 대한 면역력이 떨어진다."는 식으로 고집을 부리는 사람도 있지만(웃음), 나이가 들수록 몸에 나쁜 것을 더 이상 들일 필요는 없겠지요. 그렇지 않나요?

# 세안을 바꾸면 피부가 달라진다

지금보다 좀 더 피부가 좋아지길 바란다면, 먼저 체크해볼 것이 바로 세안입니다. 혹시 젤이나 오일, 거품 타입으로 클렌징을 하고 있다면 얼른 크림이나 밀크 타입으로 바꿔서 이중 세안은 하지 말고 한 번만 씻도록 해보세요. 그렇게만 해도 금방 변화를 느낄 수 있을 거예요.

크림 타입으로 한 번만 세안을 하는 것은, 화장만 지우고 피부에 필요한 유분과 수분은 남겨두기 위해서입니다. 전 세계적으로 이중 세안을 강조하는 것은 거의 우리나라뿐으로, 화장이 피부 안쪽까지 스며든다고 굳게 믿고 있는 사람이 많지만 실제로는 각질 표면에 붙어있을 뿐이기에 크림 타입으로 한 번만 씻어내도 충분합니다. 클렌징 오일이나 젤은 '너무 많이 없애는' 것이 문제라서, 자극이 강하고 씻는 과정에서 피부도 상하게 합니다. 단기간에 극단적으로 다 없애는 효과는 탁월하지만, 그것을 반복하면 피부의 수분과 유분을 모두 빼앗아가 각질이 점점 굳어집니다. 매일같이 빼놓지 않고 하는 일들이 피부를 조금씩 상하게 만드는 경우가 실제로는 매우 많답니다.

피부에 꼭 필요한 유분과 수분을 남겨두면서 화장을 말끔히 지우려면 오일이나 젤 타입이 아닌 클렌징크림이나 클렌징밀크가 제일 적당하다. 밤에 화장을 지울 때나 아침에 세안할 때도 크림 타입으로 꼼꼼히 씻고, 이중 세안은 하지 않는다. 왼쪽부터 '베리마(VERIMA)'에서 나온 하모니 클렌징밀크, '닐스야드 레머디스'의 프랑킨센스 클렌저, '트릴로지'의 베리 젠틀 클렌징크림.

클렌징크림은 한 번에 동전 크기만큼 손에 덜어 쓴다. 손바닥으로는 세밀한 부분까지 꼼꼼히 씻기 어려우므로. 양손가락을 잘 활용하는 것이 포인트. 세세하게 나선을 그리며 마사지하듯 피부를 펴준다.

화장과 크림을 씻어낸 후에는 스팀 타월로 닦아내면 클렌징 효과는 물론 스킨케어의 흡수력도 높아진다. 요시카와 씨가 애용하는 것은 '백설 스쿠알렌 촉촉 타월'. 물론 흐르는 미지근한 물로 닦아도 충분하다.

피부 트러블로 제 치료실에 상담을 받으러 오시는 분들도 처음에는 거의 피부 각질이 굳어있습니다. 거칠고 푸석푸석한 피부에 아무리 우수한 유기농 화장수나 크림을 쓴다고 해도 흡수가 잘 되지 않지요. 스펀지에 비유해보면 이해가 조금 더 쉬울까요? 바짝 마른 스펀지는 물방울을 다 튕겨내지만, 살짝 물을 머금은 스펀지는 물도 세제도 쭉쭉 잘 빨아들이는 것을 생각해보세요. 그와 마찬가지로 피부 트러블의 원인을 따져 올라가보면 거의 대부분은 '건조'라는 원인에 도달합니다. 그러한 피부 건조를 악화시키는 것도 예방하는 것도 전부 세안에 달려있는 것이고요.

그리고 클렌징크림도 꼭 유기농 제품으로 쓰는 것이 좋습니다. 피부에 순한 대신 화장이 잘 안 지워지면 어떡하지? 같은 고민을 할 필요는 없습니다. 좋은 식물성 기름으로 만든 세안제는 피부를 보호하면서도 화장을 잘 씻어내 주니까요.

저는 항상 욕실에서 그날의 화장을 지웁니다. 스팀 타월로 모공을 열어주면서 세안을 하면, 피부에 부담을 주지 않으면서 화장을 깨끗이 지울 수 있고, 그다음에 할 스킨케어 효과를 높일 수 있답니다.

스킨케어는 기본에 충실하게

스킨케어 하면 아무래도 검버섯이나 주름, 기미 같은 세세한 고민 해결에 초점을 맞
춘 기능성 화장품에 먼저 눈이 가기 마련입니다. 그렇지만 사실은 피부 건조가 개
선되어 안쪽에서부터 촉촉하고 투명한 피부가 되면, 그것이 다른 사람에게는 무엇
보다 '예쁘다'라는 인상을 주는 것 같아요.

거의 80대가 되어서도 피부가 하얗고 매끈한 여성들도 많은데, 그 연령대에 이르기
까지 분명 지금보다 옷이나 머리 스타일, 피부 등을 '관리한다'는 의식이 강했던 분
들이 아닐까요. 나이가 들수록 그때까지 피부 관리에 얼마나 공을 들였는지가 피부
에 현저히 드러나는 것이라 생각합니다.

그래서 50대를 넘어가면서부터의 스킨케어는, 과하게 할 필요는 전혀 없는 대신 기
본 조치를 충분히 해주는 것에 달려있다고 생각해요. 그리고 기초 화장품은 역시
나 유기농 제품을 쓰는 것이 좋고요. 제게 상담을 받으러 오시는 분들 중 화장수 때
문에 피부 염증이 생긴 분들이 많은데, 큰 원인 중 하나는 화장수를 오랜 기간 쓰
면서 그 안에 있던 방부제와 유화제, 알코올 성분 등에 피부가 과민 반응을 보이
는 것입니다.

강한 알코올은 쓰지 않고, 본래 식물의 힘을 이용해 항균과 진정 효과를 내는 것이 유기
농 화장품의 특징이다. 민감한 피부에 자극을 주지 않고, 자연의 향기로 다독여주는 것
은 물론 피부에 순할 뿐 아니라 수분을 확실히 공급해준다. 화장솜이나 손바닥에 충분
한 양을 덜어 천천히 발라주면 좋다. 왼쪽부터 '용카(YONKA)'의 로션 용카, '가구레
(KAGURE)'에서 나온 모이스처 로션, '베리마'의 로즈 로션.

저 자신이 그랬던 것처럼, 갱년기가 오면서 여성호르몬 분비가 줄어들면 그전까지 괜찮았던 화장품이 더 이상 피부에 맞지 않게 되는 경우도 종종 발생합니다. 그렇지만 유기농 화장품은 그러한 성분들의 종류와 양을 상당히 제한한 제품인 데다, 식물 자체의 항균과 진정 작용이 사람의 피부 생리와도 잘 맞아서 그러한 트러블이 거의 생기지 않습니다.

화장수를 쓴 다음에 미용액, 그리고 크림을 발라주면 기본 조치는 끝. 각 순서마다 가급적 시간을 들여서, 손바닥에 덜어 체온에 맞게 따뜻해진 화장품을 부드럽게 발라주면서, 피부를 '치료'한다는 느낌으로 다독여 스며들게 하면 별 생각 없이 사사삭 바르고 마는 것보다 효과가 확실히 높아집니다.

여기에서 소개하는 화장품들은 모두 제가 애용하는 것들로, 여러분께도 자신 있게 권해드릴 수 있는 유기농 기초 화장품들입니다. 유기농 제품 가격은 평균적으로 싸다고 할 수는 없지만, 원료의 질을 비롯해 만드는 수고와 시간이 반영된 '타당한 가격'이라고 생각해요.

그리고 유기농 화장품의 또 다른 특징은 계속 쓰면 피부가 점점 건강해진다는 것입니다. 스킨케어를 하면서 동시에 피부 그 자체를 개선할 수 있다는 점이 일반 화장품과의 가장 큰 차이겠지요.

미용액은 피부 고민에 맞게 잘 고르면 즉시 효과를 볼 수도 있다. 왼쪽부터 '베리마'에서 나온 모이스처 에센스, '안네마리모린(ANNEMARIE BORLIND)'의 나투로얄 아이 앤드 립, '닐스야드 레머디스'의 와일드 로즈 뷰티 콘센트레이트.

화장수나 미용액의 흡수력을 높이려면 수분 크림은 필수. 왼쪽부터 '트릴로지'의 로사펜 나이트 크림, '오가닉 보태닉스(organic BOTANICS)' 모이스처라이징 EX 리치 크림, '베리마'의 로즈 크림.

샴푸로 두피를 씻고, 컨디셔너로 머리카락 끝을 보호하는 것이 모발 관리의 기본. 탄력과 생기를 주고 싶을 때는 '라 카스타(La CASTA)', 두피를 깨끗이 하고 싶은 날에는 '트릴로지', 차분하고 윤기 나는 머리를 하고 싶으면 '시게타(SHIGETA)' 같은 식으로 그때그때 다르게 쓴다. 왼쪽부터 '트릴로지' 리프레시 S 샴푸와 컨디셔너, '라 카스타' 아로마 에스테 헤어 소프 & 헤어 마스크 48, '시게타'의 프레시 스피릿 샴푸 & 트리트먼트 소프트 리페어.

## 유기농의 힘으로 머리카락을 건강하게

두피에서 나오는 온갖 물질이 결국 체내로 흡수되는 만큼, 어떤 샴푸를 쓰는지에 따라 그다음에 자라날 머리카락의 건강 상태가 달라집니다. 특히 여성호르몬 분비가 감소하는 갱년기를 지나면서 머리카락이 가늘어지고 탄력도 떨어져 관리가 어려워지는 만큼, 모발 관리 제품을 신중히 고르는 것이 중요합니다.

일반적인 모발 관리 제품에는 석유에서 유래된 실리콘 성분이 들어가있는데, 머리카락의 윤기를 더해주는 반면 모공을 닫히게 하는 원인이 된다고도 합니다. 모공이 닫히면 혈액순환이 원활하지 않아 모근에 영양 공급이 잘 되지 않으므로, 건강한 머리카락이 나오기 어렵지요. 그렇기에 최소한 두피를 씻는 샴푸는 실리콘이 없는 것을 쓰기를 추천합니다. 머리카락 끝에 바르는 컨디셔너의 경우, 저는 머리에 힘이 없다 싶을 때 실리콘이 들어간 컨디셔너를 두피에 닿지 않도록 주의하면서 조금씩 쓰고 있습니다.

유기농 모발 관리 제품에 익숙해지다 보면, 실리콘이 있는 제품을 썼을 때 두피가 가려울 수 있습니다. 그래서 저는 여행을 갈 때도 꼭 유기농 샴푸를 챙겨서 간답니다.

50대 이후의 화장

제 아버지는 옛날부터 "얼굴에 어두운 기색을 드러내지 마라." 하고 자주 말씀하셨습니다. 어쩐지 피곤해 보인다든지, 기운이 없어 보인다든지 하면 다른 사람들을 다가오지 못하게 하고, 더 나아가 좋은 기운마저 도망가게 만들어버립니다. 나이가 들수록 그것을 항상 유념해야 한다고 생각해요.

50대 이후의 화장에서 가장 중요한 포인트 역시 '좋은 기운이 느껴지는 얼굴인가 아닌가' 하는 점이 아닐까요? 지나치게 화려한 화장으로 얼굴만 붕 떠 보이는 경우도, 반대로 수수하다 못해 우울한 인상을 주는 얼굴도, 남들이 보기에는 그리 가까이하고 싶지는 않다는 느낌을 줄 수 있습니다. 정말로 몸 상태가 좋지 않은 경우는 그렇다 치더라도, 스스로는 컨디션이 보통인데도 지인이나 가족들에게서 "무슨 일 있어? 기운이 없어 보이네." 같은 말을 들었다면 화장에 문제가 있는 것이라 보면 됩니다. 우리 나이쯤 되면 '생기가 넘치고 건강해 보이는' 것이 가장 중요합니다. 그러려면 볼에 자연스러운 홍조를 더해주는 치크 같은 화장품은 필수라고 생각해요.

휴일에도 마스카라 없이는 외출하지 않는다는 요시카와 씨. "매일 쓰는 것으로는 물로 지울 수 있는 필름 타입 마스카라를 추천해요. 바다에 들어갈 것도 아닌데 워터 프루프 마스카라를 쓰면 화장을 지울 때 피부를 상하게 하기 쉬우니까요."

실제로 화장을 할 때 제가 가장 신경을 쓰는 것은 '하모니(조화)'입니다. 옷차림과의 조화, 원래 피부 톤과의 조화, 얼굴 전체를 보았을 때 조화가 느껴지는지 같은 것들을 목표로 화장을 하지요.

젊은 사람이 눈두덩에 펄이 들어간 아이섀도를 짙게 칠하거나 입술에 튀는 색을 바르는 것은 괜찮아 보일 수 있어도, 나이 든 사람이 그렇게 튀는 화장을 고급스럽게 하기란 상당히 어렵습니다. 아이섀도도 그렇고 치크도 얼굴에 입체감을 주는 만큼 쓰는 편이 훨씬 좋지만, 자신의 피부 톤에서 크게 벗어나지 않는 색을 골라야 조화로운 화장을 할 수 있을 거예요.

마스카라도 어느 정도 나이가 있으신 분들에게는 익숙하지 않을 수 있겠지만, 단순히 생각해봤을 때 눈매의 인상을 또렷하게 하는 도구라는 점에서 쓰는 편이 좋다는 것은 자연스러운 결론이지 않을까요?

또, 검버섯을 감춰보겠다고 파운데이션을 두텁게 바르면 오히려 더 나이가 들어 보입니다. 커버력이 있으면서도 가볍게 발리는 파운데이션을 선택하는 것이 절대적으로 중요합니다.

스킨케어뿐 아니라 유기농 메이크업 용품들도 시중에 많이 나와 있습니다. 유기농 제품의 좋은 점은 화장을 하면서도 피부에 부담을 주지 않는다는 것입니다. 화장을 하고 있는 동안에도 관리가 되는 셈이라, 화장이 가벼우면서도 커버력도 확실히 있답니다. 그러니 꼭 한번 시도해보세요.

천연 성분으로 만든 파운데이션이나 메이크업 용품들은 화장을 하고 있는 동안에도 피부 관리가 되는 것들이다. 그래서 맨 얼굴로 있는 것보다 피부에 오히려 더 좋고, 화장품을 바르면 느껴지기 마련인 답답함도 딱히 없다. 왼쪽부터 시계 방향으로, '닐스야드 레머디스'의 미네랄 치크 헤더, 미네랄 파운데이션 미디엄 쿨 03. '제인 아이어데일(Jane Iredale)'에서 나온 글로 타임 미네랄 BB 크림 SPF25와 24K 골드더스트 브론즈.

HRT(호르몬 보충 요법) 치료약에는 바르는 타입과 먹는 타입, 붙이는 타입이 있어 자신에게 맞는 것을 선택하면 된다. 요시카와 씨는 '시세이도'에서 나온 '에스트로젤'을 쓴다. 하루에 한 번 팔목에 발라서 여성호르몬을 서서히 보충한다.

# 갱년기를 극복하는 법

상담 치료를 통해서 갱년기로 고민하면서도 가족들에게 말도 못하고 혼자 끙끙대는 여성들을 많이 만나기도 했고, 저 자신도 갱년기를 거치면서 상상 이상의 고통을 겪었습니다. 얼마 전까지만 해도 여성이 갱년기를 언급하는 것이 꺼려지는 분위기가 있었지만, 이제 그러한 시대는 지나갔습니다. 갱년기 특유의 신체 기능 저하는 그 메커니즘을 이해하고 적절한 치료를 동반하면 상당히 완화되는 경우가 많습니다. 자리에서 몸을 일으킬 수 없을 정도로 몸 상태가 좋지 않은데 '누구나 겪는 일이니까.' 하고 단지 시간이 지나가기만 기다리는 것보다는 할 수 있는 것들을 최대한 해보며 조금이라도 몸과 마음이 편해지는 편이 좋다고 생각해요.

거의 '병'이란 것을 모르고 살아온 저에게 온갖 신체 저하 증상이 나타난 것은 서른여덟에서 마흔하나쯤이었습니다. 지금 생각해보면 '예비 갱년기'인 셈이었는데, 여성호르몬이 불안정해지며 현기증이 나고 심장 박동이 빨라지고, 목도 위도 관절도 온통 불편함을 느끼는 고통스런 매일이었지요. 병원에도 다녀보고 직접 이런저런 조사도 하면서 여성호르몬이 얼마나 우리 여성들의 몸을 지켜주고 있는지, 그리고 그것이 깨져버리는 갱년기를 거치면서 여성의 몸이 얼마나 불안정해지는지, 몸에 대해 이해할 수 있었습니다.

갱년기 장애는 여성호르몬이 부족해져 갑자기 무방비 상태가 된 뇌와 몸이 패닉을 일으키면서 나타나는 기능 저하입니다. 따라서 떨어진 호르몬을 인공적으로 보충해주면서 몸이 서서히 적응할 수 있게 해주는 HRT(호르몬 보충 요법)를 받아보기로 했습니다. 젊을 때 나오던 여성호르몬 양의 3분의 1 정도이지만 그것만으로도 꽤 몸이 편해지고, 여성 병원이나 부인과 의사의 치료를 병행하면 위험은 다른 약에 비해 크게 높지 않습니다. 저 자신이 직접 해보니 괜찮기도 했는데, 몰라서 고생하는 것보다는 우선 시도해보고 맞지 않으면 그만두고 괜찮으면 계속해보자는 마음이었습니다.

그다음은 일상적인 관리로 한방약과 허브티를 챙겨 먹었습니다. 특히 허브티는 쉽게 마실 수 있는 보약이라고 생각될 정도로, 대사 관리에 탁월한 음료입니다. 우리 집 냉장고는 지금 허브티가 거의 점령하고 있는 상태예요. 위가 아플 때는 캐모마일, 살짝 입 안의 불쾌감이 있을 때는 회향 등 그때그때 상태에 따라 종류를 선택해서 마십니다. 특히 여성에게 권하는 것은 장미 허브티. 부드러운 향이 간의 대사 활동을 높여주고 변비에도 좋다고 해요.

한가운데 있는 것은 '닐스야드 레머디스'의 '뷰티풀 스킨'. 그 외에는 모두 '허브 마르셰(Herb Marche)'. 라벤더, 로즈, 회향 씨 등으로, 허브를 그램 단위로 구입해서 몸 상태에 맞게 섞어서 마시거나 그냥 하나씩 마신다. 오후에는 커피를 삼가고 허브티를 마시는 것으로 습관을 바꿨다니. 아침에 눈을 떴을 때 몸이 가벼운 것이 스스로도 느껴진다고. 농약을 쓰지 않은 유기농 허브는 빠르게 기능이 떨어지므로, 구입 즉시 포장 그대로 냉장고로 직행.

요시카와 씨는 비타민B 합성물과 비타민C를 기본으로, 녹즙과 말린 과일류를 더해서 챙겨 먹는다고. 스틱 타입으로 된 녹즙과 작은 용기에 든 아사이는 사무실에도 항상 갖다 둔다. 제일 뒤의 왼쪽은 '시너지 컴퍼니 (synergy company)' 퓨어 시너지 파우더, 오른쪽은 '시너지 컴퍼니' 베리 베리 프리미엄 파우더. 가운데 줄의 왼쪽 두 개는 각각 '네이처 메이드(Nature Made)'의 비타민C, 비타민B 합성물, 오른쪽은 '어바이오즈 (ABIOZ)' 아사이 100, 그리고 제일 앞에 보이는 것이 '어바이오즈' 베지 파워 플러스

건강보조식품은 적극적으로 섭취해도 된다

상한 피부나 건강 이상으로 상담을 받으러 오는 여성들은 바빠서 식사가 불규칙적인 경우가 대부분입니다. 그분들에게 "건강보조식품은 드시고 있으신가요?" 하고 물어보면 "건강보조식품보다 제대로 된 식사로 영양을 섭취해야 하지 않나요?" 같은 대답이 돌아와 깜짝깜짝 놀라곤 합니다. 물론 매일 아침 집에서 양푼 가득 샐러드를 만들어 먹으면 가장 이상적이겠지요. 그러나 그것이 아무래도 어려우니까 몸 상태가 좋지 않고 피부도 상하는 것입니다. 건강보조식품이라는 것은 애초에 자연적인 것이라 필요 이상으로 겁내거나 죄책감을 느끼지 않아도 됩니다.

먼저 육체피로에 효과적인 비타민B군과 정신피로에 좋은 비타민C는 기본적으로 섭취하는 것이 좋다고 봅니다. 비타민B는 팀으로 움직이는 성분인 만큼 반드시 '비타민B 합성물' 또는 'B군'으로 표기된 상품을 구입해야 합니다. 저는 여기에 채소 부족을 보완해줄 녹즙, 백내장을 예방해주는 말린 과일류의 건강보조식품을 사서 아침마다 먹고 있어요. 건강보조식품은 자신의 건강 상태에 맞춰 올바른 지식을 가지고 먹는다면 몸을 생기 있게 이끌어주는 매우 간편한 식품입니다.

흰색 가구를 바탕으로 산뜻한 초
록빛 관엽식물과 좋아하는 작품
들에 둘러싸인 요시카와 씨의 집
거실. 마음 편히 쉴 수 있는 공간
과 시간이 바쁜 하루하루 중에서
도 건강한 피부와 웃는 얼굴을 유
지하는 비결.

# 전문가의 도움을 받아 '아름다움'을 찾자

전철을 타고 다니다 보면, 제 또래 여성들이 왁자지껄하게 차에 올라서는 주변의 눈들도 전혀 신경 쓰지 않고 큰 목소리로 떠드는 모습을 보면서 뭐라 말할 수 없는 기분을 느낄 때가 있습니다. 여성은 몇 살이 되어도, 아니 나이를 먹어갈수록 여성으로서의 의식을 제대로 지켜갔으면 합니다. 친구들과 몰려다니며 야단스러운 모습을 보면 같은 여성으로서 약간 슬퍼져요.

미용에서도, 친구와 똑같이 유행하는 크림을 사는 것이 아니라 지금 자신에게 필요한 것을 제대로 살 줄 아는 눈을 길렀으면 해요. 그럴 때 도움이 되는 것이 전문가의 조언과 기술입니다. 화장도 먼저 백화점 화장품 코너에서 상담을 받고 하는 것이 좋다고 생각해요. 요즘 트렌드에 맞으면서 나이와 얼굴과도 잘 어울리는 화장을 배울 수 있답니다. 그렇게 화장을 해보면서 화장품이 괜찮다 싶으면 사고, 필요없겠다 싶으면 사지 않으면 되는 거예요.

머리를 하는 것도 마찬가지입니다. 몇 년째 같은 헤어스타일을 하고서 매너리즘에 빠져있지는 않나요? 헤어스타일 하나로 훨씬 젊고 멋스러운 분위기로 변신할 수도 있습니다. 그 변화가 마음에 들지 않더라도, 머리카락이야 금방 자라므로 다른 미용실에 가서 자신이 미처 발견하지 못했던 자신만의 매력을 끄집어내는 일도 분명 즐거운 경험이 될 거예요.

저는 그때 눈썹도 잘 다듬어달라고 하곤 해요. 나이가 들수록 손재주가 떨어지는 건지 눈썹을 다듬는 세세한 작업이 갈수록 서툴러지는데, 사실 눈썹은 얼굴의 인상을 좌우하는 큰 역할을 합니다. 몇 개월에 한 번씩 전문가에게 적당한 형태로 정리해달라고 하면, 스트레스를 받을 일이 없습니다.

미용뿐 아니라 신체 기능 저하를 느낄 때도 저는 혼자서만 끙끙 앓기보다 먼저 전문가에게 상담을 받아봅니다. 갱년기 관리 같은 경우도 여성 전용 한방 클리닉에 가서 한방약을 처방받았었고요.

아픈 부위를 바로 치료하는 서양 의학과 달리 한방은 그 원인을 찾아 근본부터 치료하는 만큼, 아직 뚜렷한 증상이 없어도 기미가 보이는 단계에서 대책을 세워줄 수 있는 의학입니다. 클리닉에서 약을 처방받으면 의료보험도 적용되어 금전적인 부담 없이 치료를 계속 받을 수 있다는 장점도 있습니다 최근에는 이러한 클리닉이 전국적으로 늘어나고 있는 추세이니, 지혜롭게 이용하면서 생기도 '아름다움'도, 그리고 어엿한 한 사람의 여성도 되찾을 수 있다면 좋겠네요.

## 향수와 바디 케어로 몸과 마음을 활기차게

'향기'란 아무래도 액세서리처럼 추가로 더하는 것이라는 이미지가 있지만, 사실은 매우 직접적이고 빠르게 기분을 업시켜주는 것입니다. 살짝 기분이 침체될 때, 긴장해서 마음이 불안정할 때 등에 자연 식물의 향을 맡으면 금방 긴장이 이완되어 기분이 편안해집니다.

유기농 향수 역시 종류가 많지는 않지만 시중에 나와 있어요. 유기농 채소나 화장품과 마찬가지로 식물 자체의 힘을 활용하고 인공 향료는 쓰지 않으므로, 향수라고 해도 자연이 가진 치료 효과를 제대로 체험할 수 있습니다.

나이 든 여성들이 꼭 마음에 드는 꽃향기를 찾아낼 수 있었으면 좋겠어요. 장미든 제비꽃이든 꽃이라면 무엇이든 좋습니다. 꽃향기란 본래 곤충들이 수정을 도우러 오도록 꽃이 보내는 신호이므로 '저는 지금 예쁘게 피어있어요.'라는 무언의 아우성인 셈이거든요. 그러한 꽃의 힘을 자신의 몸에 뿌리면 자연스럽게 여성으로서의 자신감이 올라가는 만큼 저는 세미나 같은 자리에서 강단 위에 서기 직전, 당당하게 저의 말을 하기 위해 꼭 손목에 향수를 뿌린답니다.

향을 직접 맡을 수 있는 향수야말로 유기농 제품을 써보길 추천한다. 진짜 식물과 인공 향료는 분명히 다른데, 향 자체의 깊이에서 나이 든 여성에게 잘 어울리는 기품을 느낄 수 있다. 왼쪽부터 '닐스야드 레머디스' 유기농 오드퍼퓸 로즈, '안티안티(antianti)'의 유기농 오드퍼퓸 올드로즈와 유기농 오드퍼퓸 바이올렛, '아코렐(ACORELLE)' 티 가든 오드퍼퓸.

향수보다 일상적으로 스킨케어도 하면서 향도 즐길 수 있는 것이 바디 로션과 크림, 오일 종류입니다. 얼굴에 바르는 것은 무향이 더 좋지만 몸에 바르는 것이라면 가볍게 바를 수 있을 테고, 피부를 위해서라도 크림을 발라주는 것이 좋으니 목욕 후 바르는 습관을 꼭 들였으면 합니다.

나이를 먹어가며 피부가 건조해지는 것은 얼굴이든 몸이든 마찬가지입니다. 몸에서도 좀 더 건조한 곳이 정강이라고들 하는데, 나이 많으신 분들의 정강이를 보면 거의 반질반질하지요. 피부가 건조해져서 살짝 긁히기만 해도 금방 피가 날 것처럼 여린 피부가 되었다는 뜻입니다.

그렇게 되지 않으려고, 매일 바디 크림으로 관리해주는 것입니다. 나이 들어서의 바디 케어는 살을 빼고 싶다든가 몇 인치를 줄이고 싶다든가 하는 것보다도 피부에 수분을 제대로 공급해서 자연스러운 탄력을 유지하는 것이 목적이어야 합니다. 노화로 처진 피부를 크림으로 들어 올릴 수야 없더라도, 그 시기를 늦추는 것은 충분히 가능합니다. 나이가 든 피부라도, 매일 자신의 손으로 만지며 관리를 계속해준 피부와 아무것도 하지 않은 피부는 확연히 차이가 납니다.

얼굴과 마찬가지로 몸 역시 '관리'하기 나름인 것입니다. 그렇다면 당장이라도 앞으로의 아름다움을 위해서 시작해봐야 하지 않을까요?

다이어트를 위해서가 아니라, 건조해져 상하기 쉬운 피부를 촉촉하게 보호하는 것이 첫 번째 목적. 계속 쓰다 보면 자연스러운 생기가 유지되는 바디 밀크나 크림으로 관리해주면, 향수보다 손쉽게 향기를 느낄 수 있다는 점도 매력이다. 왼쪽부터 '코라 오가닉스 바이 미란다 커(KORA Organics by Miranda Kerr)'의 인리치드 바디 로션, '벨레다(WELEDA)' 석류 바디 밀크와 석류 오일, '부시 플라워(BUSH FLOWER) 에센스'의 러브 시스템 바디 로션.

나의 행복의 원천

웰시코기(Welsh corgi) 종인 애견 밀크. 이제 열두 살이 되었다. 사람으로 치면 할머니인 만큼, 최근에는 때때로 기력이 떨어지기도 한다. 그래도 늘은 아침 산책하는 습관을 비롯해 이 녀석에게 받는 것들이 정말로 많다.

집에서 입는 옷이며 잠옷도 유기농 코튼 중심으로 고른다. 마음에 드는 브랜드는 '프리스틴(PRIS-TINE)'인데, 피부에 닿는 느낌이 좋은 것은 물론 어른의 귀여운 면을 자연스럽게 표현해낸 디자인이 마음에 쏙 든다.

딸의 조언으로 만들어본 이미지 보드는 의외로 괜찮은 듯. 바쁜 중에도 잊어버리고 싶지 않은, 내 인생에서 소중한 것들이며 존경하는 인물의 사진 등 이것저것 붙여둔다.

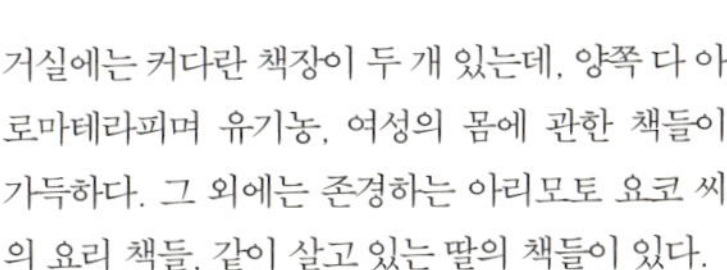

거실에는 커다란 책장이 두 개 있는데, 양쪽 다 아로마테라피며 유기농, 여성의 몸에 관한 책들이 가득하다. 그 외에는 존경하는 아리모토 요코 씨의 요리 책들, 같이 살고 있는 딸의 책들이 있다.

인테리어에 맞춰 커버를 바꿀 수 있어 편리한 소파는 시로가네에 있는 더 페니 와이즈(THE PENNY WISE) 가구점에서 구입한 것. 볼륨감이 있어 등받이 없는 소파를 붙여놓으면 일인용이라도 뒹굴뒹굴하기 좋다.

# 음식

## Eating

# Chapter 05.

# Eating

이
영
림

Lee Eirin

매일 밥하고 아이 넷을 키우느라 정신없는 일상을 보내던 나날들. 그 연 장선상에 요리연구가라는 직업이 있었다. 두 아이가 인기 요리연구가가 된 지금도, 마음을 담아 만드는 가정요리의 진정한 맛과 소중함을 계속해 서 전하고 있다. 몸과 마음에 직접 전해지는 맛을 내는 요리는 자신과 가 족을 향한 애정과 먹는 것에 대한 깊은 경이에서 비로소 나오는 것이다.

꼭 많은 공을 들이지 않더라도, 제철 재료를 써서 직접 만든 요리가 가장 맛있습니다. 제가 진심으로 그렇게 믿게 된 배경에는 한국의 제주도에서 자연에 둘러싸여 자란 어린 시절의 기억이 있습니다. 제 어머니의 음식은 양념을 진하게 하지 않고 현지 식재료의 맛을 살린 심플한 요리였습니다. 한국 요리라 하면 보통은 맵고 진한 맛이라는 이미지가 있지만, 제가 태어나고 자란 제주도는 작은 섬이어서 갖가지 신선한 식재료를 구할 수 있기에 원재료의 맛을 가장 잘 살리는 요리를 내는 것이 우리 집의 일상이었습니다.

섬을 나와서 서울의 자수학교로 진학을 했고, 일본으로 긴니갔습니다. 결혼해서 가족들의 식사와 도시락을 만드는 매일매일을 보내며 점점 요리에 대한 흥미가 높아졌는데, 그것은 먹는 사람을 생각하면서 요리를 만들면 그 마음이 반드시 상대에게 전해진다는 것을 강하게 느끼게 되면서부터입니다. 누군가를 위해서만이 아니라 저 자신을 위해서도, '마음을 담는 것'이 요리를 맛있게 만드는 첫 번째 비결입니다. 그래서 몸과 마음이 건강해지고, 먹은 사람이 맛있다고 느껴주면 그것이 다시 또 밥을 짓는 에너지가 됩니다.

육아 중에는 요리연구가라는 직업이 멀기만 한 이야기였지만, 매일 아침 네 아이의 도시락을 싸면서 잘 만들었다 싶은 날이면 사진을 찍었습니다. 그렇게 네 권의 책을 만들어서 아이들이 결혼할 때쯤에 건네주고 싶다는 막연한 생각이 있었거든요. 이윽고 아이들 학교의 학부모회며 동네 모임 등에서 한국 요리를 가르치면서 활동의 폭이 넓어졌지요. 일상에서 다양한 사람과 일들을 만나고, 그 만남에 감사하면서 매일의 요리를 소중히 여기게 된 것이 지금의 일로 자연스럽게 이어졌습니다.

'시작이 반이다.'라는 속담이 있습니다. 어떤 일이든 일단 시작을 했다면 벌써 반은 이룬 것이나 마찬가지라는 의미로, 첫 걸음을 뗄 용기를 주는 말입니다. 육아를 마치고서 본격적으로 요리연구가 활동을 시작한 저로서는 그 말에 매우 공감하면서, 새로운 무언가를 시작하기에 늦은 순간이란 결코 없다고 믿습니다.

또 나이를 먹어가면서 요리뿐 아니라 그릇과 수공에, 정원 가꾸기 등 주변의 것들에도 관심을 넓혀가기 시작했습니다. 특별한 것이나 어려운 것은 하지 않지만, 그러한 마음가짐이 매일 짓는 밥과 살림을 충실하게 만들어준다고 생각합니다.

엄청난 수의 그릇을 모아둔 식기 선반은 아파트의 붙박이장에 직접 선반 널을 더 끼운 것이다. "한 자리에 가만히 앉아있지 못하는 성격이라서 시간이 남으면 바로 밖에 나가 사람을 만나거나 일을 하면서 새로운 아이디어를 얻어요."

# 먹는 일은 살아가는 일

요리는 먹는 사람에게만 기쁨이 아니라 만드는 사람의 마음도 풍요롭게 만들어줍니다. 지금까지 요리를 통해 멋진 만남과 많은 기쁨을 얻었습니다. 진심을 담아 요리를 만드는 일은 행복으로 이어지는 길이라 믿습니다.

먹는 일은, 살아가는 일입니다. 살아가는 일은 먹는 일입니다. 먹는 일을 소중히 여기는 것은 자신을 소중히 여기는 것입니다. 자신을 소중히 여기는 것은, 주변 사람을 소중히 여기는 것으로 이어집니다.

아직 아이들이 어렸을 무렵, 집 가까이에 도매시장이 있어서 날이 밝기 전에 "사회 현장 견학 가자!"고 딸을 깨워서 데리고 가곤 했습니다. 거기서 커다란 생선을 파는 풍경을 보여주면서, 매일 먹는 것들이 사실은 얼마나 많은 사람의 마음과 수고를 거쳐 식탁에 오른 것인지 느끼게 해주고 싶었습니다.

그러한 경험을 통해서 식재료를 주는 자연에 감사하고, 식재료에 관계된 모든 사람에게 감사하는 마음이 생겨납니다. 그리고 먹는다는 것, 살아간다는 것을 돌아보며 자기 자신을 사랑하는 마음으로 확장됩니다.

소금 현미 주먹밥. 매우 간단한 요리지만 마음을 담아 손으로 뭉친 주먹밥
을 손으로 집어 먹으며 손에서 손으로 마음이 이어진다.

계절마다 제철 채소를 먹으면, 사계절을 느끼며 마음이 풍요로워지고,
그 정서가 아이에게도 길러진다. 이영림 씨는 아이들의 도시락을 쌀 때
도 계절을 느낄 수 있는 메뉴를 고심하면서 만든다고.

제철 식재료가 줄 수 있는 것

항상 몸과 마음의 소리에 귀를 기울여 지금 원하는 것이 무엇인지를 생각하면서 식재료를 선택하고 요리하는 것이 중요합니다. 몸 상태는 사람마다 다릅니다. 자신을 소중히 여기며 음식을 마주하는 것이, 몸과 마음을 조화롭게 진정시킵니다. 제철 채소에는 그 계절마다 몸이 필요로 하는 요소가 들어있습니다. 계절이 바뀌며 신체 리듬이 무너질 때도, 제철 채소를 섭취하면 기력을 회복할 수 있습니다. 봄에는 쌉쌀한 채소와 나물이 몸을 깨워줍니다. 여름에는 산뜻한 채소가 몸에 수분을 보충해줍니다. 가을의 뿌리채소와 버섯류는 여름의 피로를 달래고 겨울에 대비해 몸의 기운을 잡아줍니다. 그리고 겨울, 배추와 시금치 같은 대지의 영양을 듬뿍 머금은 채소는 추위로부터 몸을 지켜줍니다.

특히 요즘 여름은 해가 갈수록 더워지는 만큼 더위를 먹는 사람들도 늘어나는데, 음식으로 수분을 충분히 보충할 뿐 아니라 의식적으로 여름 채소를 섭취하면 장기에 부담을 주지 않으면서 몸에 수분이 전달되어 탈수 증상을 막아줍니다. 가을과 겨울의 섬유질 채소들은 위장을 진정시키는 작용을 합니다.

요리의 신기한 힘

상대를 생각하는 마음을 말로는 아무리 잘 전하려고 해도 쉽지 않지만, 요리에 담으면 신기할 정도로 마음이 말 이상으로 분명하게 전해집니다.

제주도에서 일본으로 막 건너갔을 때, 일본 요리의 섬세한 아름다움에 감격했습니다. 여기에 일본에서는 전 세계의 요리를 맛볼 수 있고 조미료도 다 구할 수 있었습니다. 당시 살았던 집 근처에도 프랑스며 파푸아뉴기니에서 온 사람들이 살고 있어서 요리로 국제교류 사업을 지원하며 요리교실이나 행사를 주최하곤 했습니다. 저는 맛있는 음식을 먹으면 제가 직접 만들어보고 싶어져요. 외식으로 각국의 진귀한 메뉴를 먹었을 때도 집에 오면 바로 만들어봅니다. 여러 번 반복해보면 저만의 맛으로 완성됩니다. 그러다 보니 매일 식탁에 한국 요리만 올라오는 날 없이 다양한 나라의 요리를 내게 되었고, 켄테츠나 시즈코도 어렸을 때부터 매운 맛을 좋아하게 되더니 요리에도 흥미를 붙였습니다. 지인이나 이웃 분을 초대해 음식을 먹거나 동네 모임에 불려가 요리를 하는 일들이 쌓이며 신문사에서 취재를 나오기도 하고, 요리를 통해 삶의 영역이 확대되었습니다. 즐거운 분위기의 식탁은 자연스럽게 사람을 끌어당깁니다.

제가 저녁을 짓고 있으면 아이들이 돌아와서는 "안 그래도 오늘 이걸 먹고 싶었는데 어떻게 알았지?" 합니다. 다 같이 식탁에 둘러앉으면 가족들의 몸과 마음 상태가 손에 잡힐 듯이 전해져 와요. 기운이 없구나, 몸 상태가 좋지 않네, 같은 것이 보

이면 무엇을 먹여야 기력을 회복할지 생각해서 요리를 합니다. 상대를 생각해 만
든 요리는 행복한 온기가 담긴 음식으로 언제나 기억 속에 남아서, 이후의 인생을
든든히 받쳐줍니다.

# 양념을 하지 않은 채소 한 접시

짭짤한 맛을 잘 살린 요리를 한 입 먹었을 때는 정말 맛있을지 모르지만, 한 접시를 거의 다 먹고 나면 목이 마르고 몸이 무겁게 느껴지지 않던가요? 한 입 먹었을 때 조금 싱겁다 싶은 편이, 식사를 마친 뒤에는 딱 좋다고 느껴질 거예요. 식탁에 올려놓은 모든 요리에 양념을 하면 몸에 부담이 되어 먹는 일도 피로로 쌓이게 됩니다. 그렇지만 무언가를 '줄이는' 것은 의외로 어렵지요. 그래서 제가 여러분께 권하는 것은, 아무런 양념도 하지 않은 채소 한 접시를 매일 식탁에 '더하는' 방법입니다. 찜통에서 찌든 데치든 적당히 굽든 상관없지만 소금간은 하지 않는 겁니다. 채소 본래의 맛과 식감이 입가심용으로도 적당하고, 계속 챙겨 먹다 보면 미각이 민감해져 밋밋한 맛도 맛있게 느낄 수 있게 됩니다.

소금을 삼가야 한다는 압박을 느끼거나 반대로 무시하는 대신, 양념을 하지 않은 채소를 먹는 것으로 싱거운 맛에 적응해가는 겁니다. 가볍게 실천할 수 있고, 채소의 맛을 발견하는 계기도 되니 꼭 한번 시험해보셨으면 해요.

잎채소, 줄기채소, 뿌리채소 등 제철 채소로 쉽게 구할 수 있는 것들을
식탁에 올리는 것만으로 스트레스 없이 건강한 음식을 먹을 수 있다.
같은 채소라도 찌고, 데치고, 굽는 것에 따라 식감이 다르고 생산지에
따라서도 맛이 달라지는 것 또한 알 수 있게 된다.

"한국에서는 누구나 차 한잔의 시간을 중요하게 생각해
요."라는 이영림 씨. 대추차와 대추 열매를 꽃 모양으로 장
식한 한국 전통과자 '화전'을 내놓는다. 아무리 바빠도 짬
을 내어 차를 마시면서 마음의 안정을 찾는다고.

## 차 한잔의 시간을 소중하게

저는 아침이니까, 3시니까, 같은 시간 구분 대신 어느 순간 몸이 원한다 싶을 때 차 한잔 마시는 시간을 가질 수 있도록 신경을 씁니다. 한국에서는 식사뿐 아니라 다과 역시도 약식동원(藥食同源, 음식과 약은 그 근원이 같다), 즉 먹는 것을 통해서 몸과 마음을 건강하게 지킬 수 있다는 가치관 아래 있습니다. 그래서 기력이 쇠했을 때도 식사로 회복을 꾀하는 것이지요.

일본에서는 녹차나 엽차, 홍차, 허브티, 커피 정도를 '차'라고 하는 것이 일반적이지만, 한국에서는 좀 더 폭이 넓습니다. 예를 들어 우리 집에서 주로 마시는 것은 사과 차거든요. 사과의 씨앗을 빼고 반달 모양으로 잘라서, 설탕과 1대 1의 비율로 섞어 하룻밤 두면 사과청이 됩니다. 이것을 찻잔에 원하는 만큼 덜고 뜨거운 물을 부어 마시는 차입니다. 사과는 장미과에 속한 과일로, 그 향에는 이완 효과가 있어 밤에 잠이 오지 않을 때에 마셔도 좋습니다. 그 외에도 살구차, 모과차, 유자차 등 계절 과일을 과일청으로 만들어 병에 넣어두고 부지런히 차로 마시고 있습니다.

여기에 결코 빠질 수 없는 것이 대추입니다. 한국에서 대추는 '신이 주신 과일'이라 불리는데, 위장을 진정시키고 기분을 차분하게 해주어 한방생약으로도 많이 쓰입니다. 우리 집 정원에도 묘목을 심었더니 매년 열매가 달려서, 그 열매를 우려 차로 마시거나 끓인 요리며 밥에 넣어 먹기도 하지요.

차마다 각각의 효능도 있지만, 차를 정성껏 끓여 천천히 음미하는 행위 자체가 몸과 마음을 최고로 이완시켜준다는 점에서도 차를 마시는 시간은 중요합니다. 잔뜩 긴장된 마음은 풀어주고, 침체된 기분도 나아지게 해줍니다. 마음과 몸의 소리에 귀를 기울여 그날의 상태에 따라 차를 선택합니다.

집에서 시간을 내 차를 마시는 습관을 들이면, 차와 관련된 그릇을 모으는 재미도 생기고 사람들을 집으로 초대하는 계기도 됩니다. 좋은 차는 손님용으로 잘 놓아둔다는 분들도 있지만, 자신을 위해서도 꼭 맛있는 차를 드시길 바라요. 그러면 거기에 어울리는 찻잔으로 마시고 싶어지기도 할 테고, '집에서 즐기는 차 한잔의 시간' 자체로 일상이 좀 더 생기 있어집니다.

아무리 바쁘더라도, 하루에 5분이라도 느긋하게 차를 마시는 시간을 낸다면 거기에서 얻을 수 있는 것들은 너무나 많습니다. 어려운 일도 아니고, 아주 조금만 노력해서 의식적으로 만들면 되는 것입니다.

위 - 말린 허브와 정원에서 기른 캐모마일, 레몬밤 등을 작은 접시에 담아서 꽃바구니에 놓는다. 손님 앞에 이대로 들고 가면 시각적인 임팩트도 주면서 특별한 대접이 된다.
아래 - 선반 위에 한가득 늘어선 병에 가득 든 것들은 모두 과일청. 살구와 모과, 유자 등 계절별 과일을 이렇게 절여두면 그날그날 차 한잔의 시간을 즐길 수 있다.

# 보존식은 식탁을 다채롭게 한다

아이들이 성장해 하나둘 집을 떠나고 혼자나 둘만 남아 사는데 일일이 밥 하는 것이 성가시다고 생각하는 분들도 있을지 모르겠어요. 그럴 때는 오래 두고 먹을 수 있는 보존식을 추천합니다. 여기에서 소개하는 것은 잼과 피클이에요. 잼은 적은 재료로 금방 만들 수 있어 봄에는 딸기, 여름에는 복숭아, 가을에는 무화과, 같은 식으로 계절에 따라 즐길 수 있습니다.

빵에 바르거나 요거트에 넣어서 먹는 것 말고도, 불고기 소스나 드레싱으로 활용하거나 끓인 요리에 살짝 첨가해 감칠맛을 내는 데 써도 좋아요. 너무 많이 만들었다 싶으면 친구들에게 선물로 주어도 좋고, 활용할 수 있는 범위가 의외로 넓답니다.

우리 집에서는 제철 채소나 남는 채소는 무엇이든 다 피클로 절입니다. 만들어두면 식탁에 올리는 어엿한 반찬이 되고, 간단한 안주로도 딱입니다. 남은 피클 액에는 채소의 향과 풍미가 녹아들어 있으므로, 끓인 요리에 넣어서 활용합니다.

계절 변화를 느껴가면서, 제철의 맛을 잔뜩 머금은 보존식을 만드는 것은 매일의 생활을 조금 더 풍요롭게 합니다. 요리와 식사가 즐거워지는 계기를 마련해준다는 것 또한 보존식의 매력이랍니다.

교토의 장인에게 직접 주문해 만든 잼 냄비로 루바브 잼을 만드는 중. 루바브만 넣고 만들어도 되지만, 향신료나 허브를 살짝 첨가해도 맛있다. 구리로 된 냄비는 열 전도율이 좋고, 안에 담긴 요리가 익어갈 때의 색깔이 예뻐서 이영림 씨는 잼을 만들 때면 항상 이것을 이용한단다.

루바브 잼을 만드는 재료는 루바브 500g, 설탕(사탕수수 설탕) 200g, 레몬 1개분의 레몬즙. 루바브는 1~2cm 길이로 잘라서 냄비에 넣고, 레몬즙을 둘러서 뿌려준 다음 설탕을 끼얹는다. 30분~1시간 정도 놓아두어 설탕이 배어들면 불에 올려 끓이기 시작한다. 타지 않도록 나무 주걱 등으로 잘 저으면서 10~15분 정도 끓이면 완성.

완성된 잼은 지인에게 선물하거나 집을 찾아온 손님에게 드리기에도 좋다. 병과 무늬 천, 리본을 항상 준비해두고 간단히 포장해서 건넨다.

왼쪽은 각종 채소, 오른쪽은 작은 멜론으로 담은 피클. 피클액을 만들 때는 식초 1컵, 물 1컵, 설탕 3큰스푼, 소금 1/4큰스푼, 얇게 썬 생강 5~6개가 기본. 여기에 작은 멜론 피클에는 산초(Japanese pepper) 1큰스푼과 돌나물 2줄기, 각종 채소 피클에는 검은 후추 1/4작은스푼과 회향 꽃 2줄기를 넣어준다. 연근, 꽃양배추, 새송이버섯은 소금물에 살짝 데치고, 작은 멜론과 순무는 중량 2~3%의 소금물에 잠시 담가두었다가 소쿠리에 건져 수분을 뺀다. 피클액을 냄비에 팔팔 끓여서 식기 전에 부어준다.

# 국물을 내는 것이 소금을 줄이는 요령

다시마와 말린 멸치에는 맛과 풍부한 향이 응축되어 있습니다. 그것을 우려낸 국물을 스프며 끓인 요리에 넣으면 원재료의 맛이 제대로 살아납니다. 국물의 맛과 향을 살린 요리는 된장이나 간장, 소금을 많이 넣지 않아도 만족도가 높아서 결과적으로 소금을 줄이는 길로 연결됩니다. 건강과 맛 양쪽을 다 잡는 국물을 이용하는 것이 진정 풍요로운 생활을 의미하는 것은 아닐까요?

국물은 다시마와 가다랑어포를 끓여서 우려내는 방법만 있는 것이 아니라, 그냥 물에서도 우려낼 수 있습니다. 물에 우릴 때는 원래 하나의 재료만 넣지만, 다시마와 말린 표고버섯, 쪄서 말린 멸치, 이렇게 '바다와 산에서 나는 것'을 섞은 세 가지 재료를 넣어서 국물을 우려내면 다시마와 가다랑어포를 끓여서 우려낸 국물과 거의 비슷하게 깊은 맛을 자랑합니다. 하룻밤 냉장고에 넣어두면 다음 날 아침 된장국에 넣을 수 있고, 쌀에 채소와 이 국물을 넣어 영양밥을 짓는 등 여러 요리에 다양하게 활용할 수 있습니다.

다시마도 표고버섯도 말린 멸치도, 국물을 우려낸 뒤에는 잘게 잘라 볶음 요리에 쓰거나 밥을 지을 때 섞는다든지 끓인 요리에 넣으면 버리는 것 하나 없이 맛있게 먹을 수 있습니다.

용기에 다시마와 말린 표고버섯, 쪄서 말린 멸치를 넣고 물을 부은 다음 냉장고에 하룻밤 놓아두기만 하면 완성. 국물 재료와 양은 다음 날 요리에 맞게 조절하면 된다. 칼슘과 요오드 등 여러 가지 영양소를 균형 있 게 섭취할 수 있다.

# 허브로 더욱 커지는 생활의 즐거움

기르기 쉬운 허브 화분을 한두 개 놓아두기만 해도 생활의 즐거움이 훨씬 커집니다. 자신의 손으로 식물을 직접 키워보면 계절이 오가는 것과 자연의 호흡을 느낄 수 있어요. 그리고 어떤 마음으로 대하느냐에 따라 식물이든 사물이든 다른 모습을 보여준다는 것, 열매를 얻기까지는 많은 기다림이 필요하다는 것 등을 깨달을 수도 있게 됩니다.

저는 시늠 아파트에 살지만, 정원에서 온갖 채소와 허브, 과일나무를 키우고 있습니다. 바닥이 타일이라 땅에 심지는 못하고 플랜터(planter, 식물 재배용 플라스틱 용기)나 컨테이너 상자를 이용하지만, 다들 튼튼하게 쑥쑥 자라주고 있습니다.

허브 이야기를 해볼까요? 로즈마리는 요리에 쓰기도 하고, 목욕물에 넣어 향을 즐기거나 살균 효과를 이용해 물청소를 할 때 쓸 수도 있습니다. 그 외에도 타임이나 레몬그라스, 회향 등 갖가지 종류의 화분을 놓아두었는데, 나중에 잎을 말려서 천 주머니에 넣고 향주머니를 만들면 선물로도 그만입니다. 저는 화분에 매일 물을 줄 때, 영양이 듬뿍 담긴 쌀뜨물을 이용합니다. 플랜터에서 키우는데도 잘 크는 이유에 이 쌀뜨물도 한몫을 하는 건지도 모르겠네요.

이영림 씨의 아파트 정원. 대추와 유자, 쉽게 보기 힘든 수련까지 플랜터에서
키우고 있다. 여기에서 딴 열매와 잎을 요리에 활용하거나 차를 만드는 등, 이
정원과 매일의 식사는 밀접하게 연결되어 있다.

# 매일 쓰는 그릇에 신경 쓴다

만든 사람의 온기가 느껴지는 그릇을 보면 마음이 끌립니다. 그릇을 고르고 쓰는 일은 자신의 살림을 돌아보는 일입니다. 저는 아이들이 어렸을 때부터 도예가의 개인전에 종종 가서는 그릇을 사 모으기 시작해, 평소 식사 때에도 내곤 했습니다. 그러면서 작품을 사는 것만으로는 부족한 것 같아 작가에게 디자인을 의뢰해 그릇을 제작하기도 하고 직접 도예를 배우기도 하며 그릇에 대한 흥미를 키웠습니다. 옆의 사진에 보이는 찻잔은 한국의 다과용 크기에 맞는 찻잔을 교토에 계시는 작가에게 의뢰해 제작한 것입니다. 스스로 디자인 밑그림을 그려서 설명하고, 충분히 납득이 가는 결과물로 이렇게 받았습니다. 작가분과 친밀해지면 이런 것들도 시도해볼 수 있어 좋아요.

딸도 어렸을 때부터 개인전에 같이 데리고 다녔더니, 그릇에 대한 흥미가 자연스럽게 생긴 모양입니다. 여기저기 전시회장에 다니는 동안 그릇을 이용한 꽃 장식을 어느 샌가 익혀서 쓰더군요. 이런 식으로 그릇에서 시작해 생활의 즐거움을 넓혀갈 수 있답니다.

한국에서 쓰는 뚜껑 달린 찻잔은 내용물이 꽤 들어가는 크기여서, 차 말고도 죽을 담아 내는 경우도 있다. 내용물이 잘 식지 않도록 입구가 살짝 오므려져 있고, 뚜껑 손잡이 디자인도 두 종류이다. 이영림 씨가 직접 디자인해 제작한 것이다.

한국의 승려들이 공양 그릇으로 가지고 다니는 바리때. 이렇게까지 많은 수는 한국에서도 구하기 쉽지 않다. 이영림 씨 집에서는 나물 무침 요리를 많이 할 때나 설날에 맹활약한다고.

자녀들이 다 자란 지금도, 문득 생각이 나면 도시락을 싸서 외출한다. 가장 많이 쓰는 것은 다양한 형태의 판자 도시락 통. 뒤에 보이는 대나무로 만든 삼단 도시락 통은 한국에서 가져온 것이다.

예전부터 콩 접시를 좋아해
서 하나둘씩 사 모으다 보니
자연스레 수집하게 되었다.
장국이나 밑반찬, 과자 같은
것을 담을 때 쓴다. 꽃을 모
티프로 한 것이 많은데, 모
두 일본의 도예가가 직접 만
든 작품이다.

한국에서 일상적으로 쓰는
질그릇, 옹기. 크기도 형태
도 다양한데, 김치나 된장
등을 담글 때나 뚝배기 그릇
으로도 친숙하다.

다림질할 때 먹이는 풀도 직접 만든 것이다. 쌀
가루를 녹여 끓인 것을 물에 풀고 스프레이 통
에 담아서 쓴다. 풀을 잘 먹여 빳빳해진 흰 천
에는 얼룩이 묻어도 그날 바로 세탁하면 깔끔
하게 진다.

다림질할 때 먹이는 풀도 직접 만든 것이다. 쌀
가루를 녹여 끓인 것을 물에 풀고 스프레이 통
에 담아서 쓴다. 풀을 잘 먹여 빳빳해진 흰 천
에는 얼룩이 묻어도 그날 바로 세탁하면 깔끔
하게 진다.

# 아침 시간 활용법

하루가 시작되는 아침 시간을 잘 보내는 것이 중요합니다. 저는 매일 5시에 일어나면 제일 먼저 정원으로 나가 하늘을 보며 크게 심호흡을 합니다. 서늘한 공기가 몸을 통과해 가면 기분도 상쾌해집니다. 그러면 어제의 고민도 별일 아닌 것처럼 생각돼요. 아침을 맞을 때마다 살아 있음에 대한 감사가 마음 가득 차오릅니다. 새로운 기분으로 하루를 시작할 수 있게 되고요. 똑같은 날은 다시 오지 않으며 매일 모든 것이 변해가는 것과 저 자신도 변해가는 것을 느낄 수 있는 순간입니다.

아침 공기를 들이마시고 나면, 근처 공원에 산책을 나가거나 그날 입을 셔츠나 앞치마를 다림질합니다. 이때 이제부터 시작될 하루의 흐름을 머릿속으로 그려봅니다. 저는 '요리는 사전 준비가 80%'라고 생각하는데, 그 사전 준비가 매일 아침 이 시간부터 시작됩니다. 조금 이른 시간에 일어나 마음을 추스르고 작업 준비를 해두면, 그다음은 몸이 자동으로 움직여 바쁜 공정도 착착 진행할 수 있게 됩니다. 그날 하루를 어떻게 보낼지, 어떻게 살아갈지 생각하는 것도 자신을 소중히 여기는 것으로 이어집니다.

아이들에게 무엇을 전수할 수 있을까?


육아에서 한 발 벗어나게 되면 더더욱, 이제부터는 자신을 제대로 돌아보고 소중히 여기며 살아갔으면 합니다. 그러한 자세로부터 다시 다음 세대와 그다음 세대 아이들에게 전수할 것들이 생겨나는 것 같아요.

제가 한국의 제주도에서 일본으로 건너와서, 아이들을 키우며 사람들에게 처음 가르친 것은 사실 요리가 아니라 수공예였습니다. 자수학교를 나오기도 했고, 원체 뜨개질이며 바느질을 좋아했거든요. 원단 가게 앞 짐수레에서 싸게 팔던 자투리 천을 사 와서 아들과 딸의 옷을 직접 만들었더니, 학교의 학부형들과 동네 이웃 분들에게서 만드는 방법 좀 알려달라는 부탁을 받게 되어 그렇게 가르치는 일을 했었습니다. 지금 막내인 켄테츠와 장녀 시즈코는 요리연구가가 되었고, 장남은 디자이너로 일하고 있습니다. 제가 아이들에게 이러한 것을 먹이고 싶다, 이러한 옷을 입히고 싶다 생각하며 매일 즐겁게 보내온 것이 아이들에게 어떠한 계기가 되어주었을까 생각하면 괜히 흐뭇해집니다.

제 어머니는 제가 무언가를 하고 싶다고 하면 그 마음을 존중해주고 뒤를 밀어주는 분이어서, 저 역시 아이들에게는 이것을 해라, 하지 마라, 같은 말을 하지 않으려 애써왔습니다. 무엇이든 스스로 경험해보는 것이 중요합니다. 실패하면, 거기에서 다시 시작하면 되는 것이니까요.

제일 아래에 보이는 것은 집에서 직접 담근 고추장. 매년 지인을 초대해 담그는 '고추장 모임'을 연다고. 된
장은 대두를 끓인 다음 누룩과 섞어 일본식으로 만든다. 매실장아찌는 일본에 와서 이웃 사람에게 배운 후
부터 매년 만들고 있다.

YOU ARE
MY
SUNSHINE

켄테츠에게도 아이가 생겨 저도 할머니가 되었습니다. 가까운 데 살고 있어 자주 함께 밥을 먹지요. 손자들이 우리 집에 놀러 오면 꼭 같이 하는 것이 베란다에서 식물에 물을 주는 일입니다. 그리고 채소를 같이 따거나 벌레를 잡으며 놉니다. 도시에서 자란 아이들이라도 자연을 접하면 오감이 발달합니다. 저는 아이들에게 무언가를 사주는 것보다 감성을 풍부하게 키워주는 것을 더 중요하게 여기고 싶어요. 그리고 차를 마실 때는 아이들이라고 플라스틱 그릇을 주는 것이 아니라, 식기 선반 앞으로 불러서 스스로 그릇을 고르게 합니다. 그러면 세 살 아이라도 컵받침이 있는 찻잔을 고르는데, 여기에 차를 부어주면 매우 점잖게 마신답니다. 혹시 깨뜨리더라도 그만큼 다음엔 좀 더 신중해지기에, 괜한 경험은 아닙니다.

그러한 아이들의 모습을 보고 있으면 나이 든 사람도 마찬가지로, 차를 마시는 일도 밥을 먹는 일도 성가시니까 대충 끝낼 것이 아니라 가능한 범위에서 정성껏, 그리고 즐기면서 히는 것이 풍요로운 마음과 시간을 살아가는 것으로 연결된다는 사실을 깨닫게 됩니다. 몇 살이 되었든 아이들에게 전수할 수 있는 무언가는 있습니다.





인기 있는 요리연구가가 된 켄테츠 씨는 4남매의 막내로 어머니의 일을 돕다 독립.
지금은 세 살 아들과 한 살배기 딸을 둔 가장이기도 하다. 이영림 씨가 입고 있는
셔츠 원피스와 앞치마는 장남이 선물해준 것이라고.

05.　　　　Eating　　　　Lee Eirin

그릇을 좋아하는 마음이 커져 25년쯤 전부터 도예를 시작했다. 사이가 가까워진 도예가의 시가라키에 있는 가마를 찾아가 산비탈에 있는 가마며 전기 가마에서 작품을 구웠다. 오른쪽에 보이는 커피 드리퍼와 포트는 세트로 같이 사용한다.

한 살 손녀가 머리에 꽂고 다니는 꽃핀은 코바늘로 직접 만들었다. 이동 중 전철 안에서나 카페에서 차를 마시며 쉬는 틈틈이 한두 개씩 가볍게 뜬 것이다. 작은 핀을 발견하면 여러 개씩 사둔다.

수공예 중에서도 특히 좋아하는 것은 뜨개질이다.
최근 완성한 작품은 실내용 신발로, 시중에 판매
되는 펠트 깔창을 덧대면 신었을 때 푹신푹신하
니 편하다.

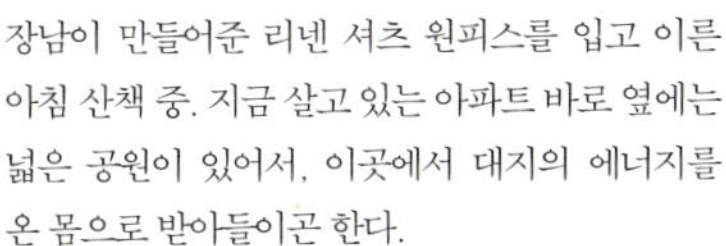

장남이 만들어준 리넨 셔츠 원피스를 입고 이른
아침 산책 중. 지금 살고 있는 아파트 바로 옆에는
넓은 공원이 있어서, 이곳에서 대지의 에너지를
온 몸으로 받아들이곤 한다.

정원의 허브를 다발로 묶어 암염과 같이 욕조에
넣으면 향기로운 목욕 소금이 된다. 또 말린 허브
를 손바느질로 만든 작은 천 주머니에 넣어 향주
머니를 만들면 선물용으로도 좋다.

앞을 바라보며

나이를 먹어가는 일의

상쾌함에 대하여

나이도, 지금까지 걸어온 길도, 현재 활동하고 있는 무대도 전혀 다른 다섯 사람.
사고방식도 자기주장도 제각각이어서
요시야 씨는 어느 순간부터 밝은 색깔 옷을 입기로 결심하고,
니시무라 씨는 어두운 톤의 옷에 액세서리로 포인트를 주는 편이라
이야기합니다.
이영림 씨는 바쁜 중에 간단하게라도 직접 만들어 먹는 밥을 중요시하고,
요시카와 씨는 그것이 현실적으로 어렵다면 건강보조식품의
도움을 받자고 분명히 말하고요.


어느 하나가 정답인 것이 아니라,
스스로 헤매고 고민한 끝에 그러한 스타일을 선택했다는 점에서
시원시원하고 씩씩한 그녀들만의 모습이야말로
다섯 명의 공통되는 핵심이 아닐까 생각합니다.

일이나 육아에 치여 자신의 일은 뒷전이었던 시기를 벗어나게 되면,
그때가 한 번쯤 멈춰서 다시 돌아보기 좋은 기회입니다.
거기에서 자기 자신을 제대로 직면하고
작은 것이라도 적극적인 마음을 가지고 앞을 향해 살아나가는 것이
그녀들처럼 밝고 건강하게 나이를 먹어가는 비결인지도 모릅니다.

여성이 나이와 경험을 쌓아가면서 몸에 익히게 되는
현숙함과 상냥함, 넓은 시야로 사물을 보는 눈.
그렇게 차분히 걸어나가는 후반의 인생은
꿈과 이상만으로 가득했던 젊은 시절보다 훨씬 아름답다 –
다섯 사람의 말 속에 담겨있던 것은
비슷하게 인생 후반기의 나날을 살아가는 여성으로서의
믿음직스러운 격려가 아닐까 생각해봅니다.

옮긴이 송혜진

서울대학교 국어교육학과를 졸업했다. 국어교사가 되기 위한 국어 공부를 하다. 아이들보다 책이 더 좋다는 결론 끝에 출판사에 입사했다. 국내 저자의 여행 가이드북, 카툰에세이, 건강서, 기타 실용서 및 외서 자기 계발서, 인문서 등 다양한 책을 책임편집하고 있다. 실용분야 일서 번역, 월간지 〈시냇가에 심은 나무〉의 교정교열 작업을 맡고 있다. 역서로는 《패턴부터 남다른 우리 아이 옷 만들기》, 《작은 생활》, 《틸다의 홈소잉》, 《더 기분 좋은 생활》, 《나무로 만든 그릇》 등이 있다.


# 앞으로의 라이프스타일

1판 1쇄 발행 2015년 1월 28일
1판 3쇄 발행 2017년 6월 16일

지은이          가도쿠라 타니아, 요시야 케이코, 니시무라 레이코, 요시카와 치아키, 이영림
옮긴이          송혜진
펴낸이          김기옥

실용본부장      박재성
편집            이나리, 류인경
영업            김선주
커뮤니케이션 플래너  손혜인
지원            고광현, 김형식, 임민진, 김주현

디자인          스튜디오 고민
인쇄 · 제본      민언프린텍

펴낸곳          한스미디어(한즈미디어(주))
주소 121-839 서울시 마포구 양화로 11길 13(서교동, 강원빌딩 5층)
전화 02-707-0337 | 팩스 02-707-0198 | 홈페이지 www.hansmedia.com
출판신고번호 제313-2003-227호 | 신고일자 2003년 6월 25일

ISBN 978-89-5975-791-6 13630